국제회의 몽골어

International Conference Mongolian

김기선, Ulziibat Dorj 지음

 문예림

저자　김기선

한국외국어대학교 불어학과를 졸업하고 1990 년 몽골에 유학하여 몽골국립대학교에서 석사를, 몽골 과학아카데미 사회과학원에서 언어학 박사학위를 취득했다. 한국외국어대학교 몽골어과에 교수로 재직 중이며, 한국몽골학회 총무이사 겸 편집위원장을 역임하고 한국몽골학회 및 한몽경제학회 부회장으로 학술활동을 하고 있다. 대표 논저로는 『현대몽골어와 한국어의 문법비교연구』 (공저), 『몽골 비사의 종합적 연구』 , 『현대몽골어작문』 , 『몽골어 첫걸음』 등의 다수의 저서와 「한국어와 몽골어의 완곡어법 비교 연구」 등 다수의 국제저명힉술지 (A&HCI) 논문이 있다.

Ulziibat Dorj

몽골국립대학교 한국학과를 졸업하고 동 대학교 언어학 석사과정을 마쳤으며 서울시립대학교 국어국문학과 박사과정을 수료하였다. 현재 한국외국어대학교 몽골어과 교수로 재직이며 관심 연구 분야는 한국어와 몽골어 형태·통사론적인 비교연구, 문자학 등이며 대표 논문으로 「몽어노걸대 시상연구」 , 「기동동사에 대한 연구」 , 「문장 차원에서의 상 해석」 등이 있다.

2018년 특수외국어 교육 진흥 사업

국제회의 몽골어

김기선, Ulziibat Dorj

- 본 교재는 첫째, 세미나, 심포지엄, 워크샵, 학회 등 각종 국제 회의 현장에서 쓰이는 실무 몽골어 표현을 총정리 하였다.

- 둘째, 국제회의와 각 절차에 필요한 실무지식과 진행과정에서 나타날 수 있는 모든 상황을 포괄적으로 정리하고 이를 예문으로 수록하였다.

- 셋째, 국제회의의 진행 및 절차를 올바로 이해하고 적용 가능하도록 하는데 목적을 두었다.

국제회의 몽골어

초판 1 쇄 인쇄 2019 년 7 월 26 일

초판 1 쇄 발행 2019 년 7 월 31 일

지은이 김기선 · Ulziibat Dorj

발행인 서덕일

발행처 도서출판 문예림

출판등록 1962 년 7 월 12 일 제 2-110 호

주소 경기도 파주시 회동길 366 3 층

전화 02-499-1281-2   팩스 02-499-1283

전자우편 info@moonyelim.com   홈페이지 www.moonyelim.com

ISBN 978-89-7482-906-3(93730)

본 교재는 2018 년 정부(교육부 국립국제교육원) '특수외국어 교육 진흥 사업'의 지원을 받아 수행된 결과입니다.

서 문

한국과 몽골은 1990년 3월 26일 외교 관계를 수립한 이후 정치, 경제, 문화, 예술 등 다방면에서 경제 협력 및 교류가 급속도로 확대되고 있다. 특히 올해는 고려와 몽골이 형제맹약을 맺은 지 800주년이 되는 해로 역사적으로 그 의미를 더하고 있으며, 2020년 3월은 수교 30주년을 맞이하게 돼 양국의 협력 관계가 더욱 뜻깊다 하겠다.

이렇듯 30년이라는 짧은 역사 속에서도 양국은 문화적, 언어적 유사성 및 경제구조의 상호 보완성을 바탕으로 인적교류 및 여러 분야에서의 실질적인 협력 관계를 비약적으로 발전시켜 왔다.

현재 우리나라의 국내에 거주하는 몽골인은 근로자, 유학생 및 다문화가족을 포함하여 5만 명을 넘어서고, 최근에는 세계 7대자원부국인 몽골로의 기업 진출 러시와 사막화, 대기오염 등의 환경 문제 관련하여 국제사회의 이목이 집중되면서 국제회의 및 심포지엄이 한·몽 양국에서 활발하게 개최되고 있다.

이러한 시점에서 <국제회의 몽골어>의 출간은 그만큼 시급한 과제이기도 하며 국제회의의 전문 통역사로 활동할 동시통역사 및 몽골전문가의 양성 및 양국의 협력관계를 증진시키기 위해서도 매우 중요하다고 할 수 있다.

본 교재는 국책사업인 2018년 특수외국어교육진흥법의 특수목적 교재 개발의 일환으로 몽골어를 전공하는 학생들과 통번역대학원생들에게 도움이 되고자 하는 목적으로 한국외국어대학교 몽골어과에서 집필하였다.

본 <국제회의 몽골어> 교재는 첫째, 세미나, 심포지엄, 워크샵, 학회 등 각종 국제회의 현장에서 쓰이는 실무 몽골어 표현을 총정리 하였다. 둘째, 국제회의와 각 절차에 필요한 실무지식과 진행과정에서 나타날 수 있는 모든 상황을 포괄적으로 정리하고 이를 예문으로 수록하였다. 셋째, 국제회의의 진행 및 절차를 올바로 이해하고 적용 가능하도록 하는데 목적을 두었다.

이 교재가 출간되면 세계화 시대 속에서 한국과 몽골의 교류를 더 원활하고 평이하게 이루어지도록 기여할 것이다. 아울러 한·몽 양국의 동시통역사 및 몽골 관련 전문가의 수요를 충족시키고, 몽골 거주 교민과 한국에 거주하는 다문화가족 및 유학생에게 큰 도움이 되리라 확신한다. 아울러 여러 가지 어려움에도 불구하고 기꺼이 이 책을 출판해 주신 문예림의 모든 임직원 여러분께 고마운 인사를 드린다.

2019년 7월
김기선 · Ulziibat Dorj

차　례

개회식

ХУРЛЫН НЭЭЛТ

1-1. 개회식 인사

ХУРЛЫН НЭЭЛТ - МЭНДЧИЛГЭЭ

Хурлын нээлтийн үйл ажиллагааг хурлын дарга удирдан явуулна. Хурлын дарга хурал нээснийг зарласны дараагаар зохион байгуулагч талын тэргүүн болон удирдах зөвлөлийн гишүүн "хурлын нээлтийн үг" хэлнэ. Түүний дараагаар уригдан ирсэн хүндэт зочид "мэндчилгээ" дэвшүүлж, баяр хүргэж үг хэлдэг. Энэ мэт баяр хүргэж, харилцан мэндчилгээ дэвшүүлсний дараагаар хурлын дарга хүрэлцэн ирсэн хүндэт зочид, илтгэл тавих болон, шүүмж хэлэлцүүлэг хийх оролцогчдыг танилцуулна. Эцэст нь дурсгалын зураг авхуулна.

Хурлын төрөл, агуулгаас хамааран зарим тохиолдолд хурал нээсний дараа төрийн далбаанд хүндэтгэл үзүүлэх ёслол явагдах тохиолдол бий. Монголын хувьд уламжлалт хурлын дэгт энэ үйл ажиллагаа бараг байдаггүй бөгөөд зөвхөн төрийн хүндэтгэлийн томоохон арга хэмжээний үеэр, Улсын их хурлын чуулганы нээлт зэрэгт төрийн дуулал эгшиглүүлэх ёслол явагддаг байна. Мөн зарим нэгэн арга хэмжээ, хурлын эхэнд тухайн үйл явдалтай холбоотой хэн нэгний гэгээн дурсгалыг хүндэтгэх ёслол байж болно.

개회식은 회의의 사회자가 진행한다. 사회자가 개회 선언한 후 주최측의 장과 위원장이 개회사를 한다. 그 다음으로 초청된 귀빈이나 참석자들이 격려사 및 축사를 한다. 이러한 축사 및 환영사가 끝난 후 회의에 참석한 내외귀빈 및 발표자, 토론자를 소개한다. 마지막으로 기념촬영을 한다.

회의의 성격에 따라 일부 행사의 경우 국기에 대한 경례를 하기도한다. 몽골의 경우 국기에 대한 경례라는 의식이 없으며 국가적인 큰 행사에서는 애국가를 제창한다. 또한 일부 행사에서는 순국선열에게 묵념을 하는 예식을 가질 수 있다.

1 Сайн байцгаана уу? Та бүхний энэ өдрийн амгаланг айлтгая!
안녕하십니까? 여러분께 인사를 올리겠습니다.

2 Сайн байцгаана уу? (Эрхэм хүндэт) Ноёд, хатагтай нараа!
안녕하십니까? 존경하는 신사, 숙녀 여러분!

3 Сайн байцгаана уу? Өнөөдрийн хуралд оролцохоор ирсэн хүндэт ноёд, хатагтай нараа!
오늘 회의에 참석해주신 귀빈 여러분! 안녕하십니까?

4 Сайн байцгаана уу? Та бүхэнтэй уулзаж байгаадаа би нэн их таатай байна.

안녕하십니까? 이렇게 여러분과 만나 뵙게 되어 대단히 반갑습니다.

5 Өнөөдрийн манай энэхүү хуралд оролцож байгаа та бүхэнтэй мэндчилж байгаадаа миний бие туйлын баяртай байна.

오늘 회의에 참석하신 여러분께 환영인사를 드리게 되어 저는 매우 기쁘게 생각합니다.

6 Эрхэм хүндэт зочид төлөөлөгчид та бүхнийг өнөөдрийн манай хуралд хүрэлцэн ирсэнд талархал илэрхийлье!

존경하는 귀빈 여러분께 오늘 회의에 참석해주셔서 감사의 말씀을 드립니다.

7 Эрхэм хүндэт зочид төлөөлчид өө! Та бүхнийг суудалдаа суухыг хүсье. Манай хуралдаан төлөвлөсөн цагаасаа бага зэрэг хоцорсон хэдий ч хурлын нээлтийн ажиллагаа төлөвлөсний дагуу 11 цаг 30 минут хүртэл явагдах болно. Ингээд хуралдааны нээлтийн ажиллагааг эхэлье.

존경하는 귀빈 여러분! 모두 자리에 앉아 주시겠습니까? 회의가 예정시간보다 조금 지연되었지만 개회식은 예정대로 11시 30분까지 진행되겠습니다. 이제 개회식을 시작하겠습니다.

8 Би өөрийгөө товчхон танилцуулъя. Би бол ХХААХҮЯ(Хүнс, Хөдөө Аж Ахуй, Хөнгөн Үйлдвэрийн яам)-ны ГХАХ(Гадаад хамтын ажиллагааны хэлтэс)-ийн дарга ООО байна. Миний бие өнөөдрийн хурлыг удирдан явуулах болно.

제 소개를 간략하게 드리겠습니다. 저는 식량·농목축·경공업부 대외협력실장인 OOO입니다. 저는 오늘 회의의 사회를 맡게 되었습니다.

9 Өнөөдрийн хурлын нээлтийн ажиллагааг хөтлөн явуулах ООО байна.

오늘 회의의 개막식 사회를 진행할 OOO입니다.

10 Миний бие бол өнөөдрийн хурлыг хөтлөн явуулах Сөүл хотын Худалдаа, аж үйлдвэрийн танхимын Олон улсын хамтын ажиллагааны хэлтсийн дарга ООО байна.

저는 오늘 회의의 사회를 맡게 된 서울시 상공회의소 제협력실 장 OOO 입니다.

1-2. 개회식

ХУРЛЫН НЭЭЛТ – НЭЭЛТИЙН ЁСЛОЛ

1 За, одоо хуралдаанаа нээе!
자, 이제 개회를 선언합니다.

2 Хоёр дахь удаагийн хамтарсан хуралдаан нээснийг мэдэгдье!
제2차 합동회의의 개회를 선언합니다.

3 Хуралдааны цаг дөхөж байна. Иймээс нээлтийн ёслолыг эхлэхийг зөвшөөрнө үү.
회의시간이 다 되었습니다. 이에 개막식을 진행하겠습니다.

4 Монгол Солонгос хоёр орны хооронд дипломат харилцаа тогтсоны 30 жилийн ойд зориулсан олон улсын эрдэм шинжилгээний хурал албан ёсоор нээснийг мэдэгдье!
몽·한 양국 간 외교관계수립 30주년을 기념하는 국제학술대회 가 공식적으로 개막되었음을 선언합니다.

5 Эрхэм хүндэт зочид төлөөлөгчид өө! Эрхэм хүндэт ноёд хатагтай нар аа! Манай хоёр орны ажил хэрэгч хүмүүсийн хамтарсан зөвлөгөөн нээснийг мэдэгдье!

존경하는 귀빈 여러분! 존경하는 신사숙녀 여러분! 우리 양국의 실무자 합동회의 개막을 선언합니다.

6 Монгол Солонгосын найрамдлын нийгэмлэгийн анхдугаар их чуулганыг нээж байгаадаа баяртай байна.

제1차 몽·한 친선협회 심포지엄을 개최하게 되어 기쁘게 생각합니다.

7 Зүүн хойд Азийн Энхтайвны хорооны Гүйцэтгэх зөвлөлийг төлөөлж, өнөөдрийн арга хэмжээ болох "Зүүн хойд Азийн Энхтайвны сан" үүсгэн байгуулсны 5 жилийн ойд зориулсан баярын хурлыг нээх хүндтэй үүрэг хүлээсэндээ туйлын баяртай байна.

동북아평화연대 실행위원회를 대표하여 오늘 행사인 "동북아평화재단"설립 5주년 기념식의 개회를 선언하게 되어 무척 기쁘게 생각합니다.

8 ШУТИС(Шинжлэх ухаан, Техникийн Их сургууль), Солонгосын Хувцасны загвар зохион бүтээгчдийн холбоотой хамтран зохион байгуулж байгаа "Монгол-Солонгосын хамтарсан <Fashion vitality> олон улсын

эрдэм шинжилгээний бага хурал" нээснийг мэдэгдье!

과학기술대학과 한국 의상디자이너협회가 공동으로 주최하는 "몽·한 합동 <Fashion vitality> 국제 학술회의" 개막을 선언합니다.

9 За одоо "Хөгжиж буй Зүүн Ази: Орон нутгийн хотуудын үүрэг ба хэтийн төлөв" сэдэвт "Зүүн Азийн 6 хотын Эдийн засагчдын VIII зөвлөгөөн"-ийг нээж байна.

지금부터 "개발도상의 동아시아: 지방도시들의 역할과 전망"이라는 주제 아래 "제8회 동아시아 6개 도시 경제인 회의"를 개최하겠습니다.

1-3. 애국가·국기에 대한 경례

ТӨРИЙН ДУУЛАЛ ЭГШИГЛҮҮЛЭХ, ТӨРИЙН ДАЛБААНД ХҮНДЭТГЭЛ ҮЗҮҮЛЭХ

Хурлын төрөл, агуулгаас хамааран зарим тохиолдолд хурал нээсний дараа төрийн далбаанд хүндэтгэл үзүүлэх ёслол явагдах тохиолдол бий. Монголын хувьд уламжлалт хурлын дэгт энэ үйл ажиллагаа бараг байдаггүй бөгөөд зөвхөн төрийн хүндэтгэлийн томоохон арга хэмжээний үеэр, Улсын их хурлын чуулганы нээлт зэрэгт төрийн дуулал эгшиглүүлэх ёслол явагддаг байна. Олон улсын хурал зохион байгуулж байгаа бол тухайн хурал явагдаж байгаа улсын төрийн дууллыг эхэнд нь эгшиглүүлэх зэрэг дэс дараалалтайгаар явагдана.

회의의 성격에 따라 일부 행사의 경우 국기에 대한 경례를 하기도 한다. 몽골의 경우 국기에 대한 경례라는 의식이 없으며 국가적인 큰 행사에서는 애국가를 제창한다. 국제회의를 개최하는 경우 해당 개최국의 애국가를 먼저 제창하는 순서로 진행한다.

1 Одоо Монгол Улсын төрийн дуулал эгшиглэх болно. Та бүхнийг босч хүндэтгэл үзүүлэхийг хүсэж байна.

지금부터 몽골국 국가연주가 있겠습니다. 여러분 모두 일어서서 경의를 표하여 주시기 바랍니다.

2 Одоо хоёр орны төрийн дуулал эгшиглэх болно. Та бүхнийг босч хүндэтгэл үзүүлэхийг хүсэж байна. Эхлээд Монгол улсын төрийн дуулал эгшиглэнэ. <........> Одоо БНСУ-ын төрийн дуулал эгшиглэх болно.

지금부터 몽골국 국가연주가 있겠습니다. 여러분 모두 일어서서 경의를 표하여 주시기 바랍니다. 먼저 몽골국 국가연주가 있겠습니다. <........> 이제 대한민국 국가연주가 있겠습니다.

3 Эрхэм хүндэт зочид төлөөлөгчид өө! Та бүхнийг босч хоёр орны төрийн далбаанд хүндэтгэл үзүүлэхийг хүсье.

존경하는 귀빈 여러분! 여러분 모두 일어서서 양국 국기에 대한 경의를 표하여 주시기 바랍니다.

4 Та бүхэн суудалдаа сууцгаана уу!

여러분 모두 자리에 앉아 주십시오.

5 Та бүхнийг суудалдаа суухыг хүсэж байна.

여러분 모두 자리에 앉아 주시기 바랍니다.

1-4. 참석자에 대한 소개

ХУРАЛД ОРОЛЦОГЧ ЗОЧИД ТӨЛӨӨЛӨГЧДИЙГ ТАНИЛЦУУЛАХ

Хурал, зөвөлгөөн, семинар зэрэг арга хэмжээний эхэнд оролцож буй хүндэт зочид төлөөлөгчдийг танилцуулах нь тухайн хуралдааны салшгүй нэг хэсэг болж байдаг. Хурал даргалагч, орчуулагчийн зүгээс оролцож буй зочид төлөөлөгчдийн тэдгээрийн цол хэргэм, албан тушаалын талаар тодорхой нарийн мэдээлэлтэй байх шаардлагатай юм. Хурлын зочид төлөөлөгчдийг танилцуулахдаа албан тушаалын зэрэг дэвийг баримтлан дэс дарааллын дагуу танилцуулна.

회의, 세미나, 심포지엄 등의 행사를 시작하기에 앞서 내외귀빈을 먼저 소개하는 것은 빠질 수 없는 절차 중의 하나이다. 회의 사회자 및 통역관은 내외귀빈의 직업과 직급에 대한 정보 등을 사전에 파악하고 있어야 한다. 소개할 때에는 직급의 고하에 따라 순서대로 소개한다.

1 Хурал эхлэхийн өмнө манай өнөөдрийн хуралдаанд оролцож байгаа хүндэт зочид төлөөлөгчдөө танилцуулъя.

회의 진행에 앞서 오늘 회의에 참석하신 귀빈들을 소개하겠습니다.

2 Юуны өмнө энэхүү хурлыг зохион байгуулж байгаа даргыг танилцуулахыг зөвшөөрнө үү.
먼저 금번 회의를 주관하시는 회장님을 소개해 드리겠습니다.

3 За ингээд хөтөлбөрийн дагуу орон тус бүрийн төлөөлөгчдийн тэргүүн нар өөр өөрсдийн төлөөлөгчдийг танилцуулах болно.
그럼 회의 일정에 따라 각국의 대표 단장께서 자신들의 단원을 소개하겠습니다.

4 Монгол Улсаас хүрэлцэн ирсэн Монгол Улсын Шударга өрсөлдөөн, хэрэглэгчдийн төлөө газрын дарга ООО-ыг та бүхэнд танилцуулж байна.
몽골국에서 참석하신 몽골국 공정경쟁·소비자보호국 국장 ООО를 여러분께 소개합니다.

5 Өнөөдрийн хуралдаанд оролцохоор ирсэн дотоод, гадаадын зочид төлөөлөгчдөө танилцуулъя.

오늘 회의에 참석하고 계신 내·외 귀빈들을 소개하겠습니다.

6 Юуны өмнө тус хуралд оролцож байгаа орнуудын төлөөлөгчдийн багийг танилцуулъя.

먼저 본 회의에 참석하신 국가들의 대표단을 소개하겠습니다.

7 Өнөөдрийн хурлыг удирдан явуулах Солонгосын Худалдаа, аж үйлдвэрийн танхимийн орлогч дарга ноён OOO-ийг танилцуулж байна.

오늘 회의의 사회를 맡은 한국상공회의소 부소장 OOO를 소개합니다.

8 Юуны өмнө миний баруун гар талд байгаа зочид төлөөлөгчдөөс эхэлж танилцуулъя.

먼저 제 오른쪽에 계신 귀빈들부터 먼저 소개해 드리겠습니다.

9 Эхлээд миний баруун гар талд байгаа зочид төлөөлөгчдөөс эхлэн өөрсдийгөө танилцуулахыг хүсье.

먼저 제 오른쪽에 계신 귀빈들부터 먼저 자기소개를 하시기를 바랍니다.

10 Өөрсдийгөө танилцуулахдаа алдар нэр болон албан

тушаал зэргээ товчхон байдлаар танилцуулахыг хүсье.

자기소개를 하실 때 성함과 직위 등을 간략하게 소개해주시기

바랍니다.

11 Та бүхэнд танилцуулсан зочид төлөөлөгчдөөс гадна энд

хүрэлцэн ирсэн олон олон хүндтэй зочид төлөөлөгчид

байна. Гэхдээ цаг хэмнэх үүднээс зочид

төлөөлөгчдийнхөө танилцуулгыг үүгээр өндөрлөө.

여러분께 소개해드린 귀빈들 이외에도 이 자리에는 수많은 귀

빈들이 참석하고 있습니다. 하지만 시간을 절약하기 위해서 귀

빈소개는 이것으로 마치고자 합니다.

1-5 환영사 및 축사자 소개

МЭНДЧИЛГЭЭ ДЭВШҮҮЛЭХ ХҮМҮҮСИЙГ ТАНИЛЦУУЛАХ

Хуралдаан эхлэхийн өмнө хурал зохион байгуулагч талаас хүрэлцэн ирсэн зочид төлөөлөгчдөд хандан мэндчилгээ дэвшүүлэх болон хуралдаанд уригдан оролцож буй зочид төлөөлөгчид талархалын үг хэлдэг. Эдгээр үг хэлэх хүмүүсийг танилцуулахдаа албан тушаал болон хэргэм зэргийг бүрэн хэлж хүндэтгэл үзүүлэх нь хуралдааны ёслолын бас нэгэн салшгүй хэсэг юм.

회의 시작 전 주최측은 참석자들에게 환영의 인사말과 축사를 한다. 환영사 및 축사자를 소개할 때는 소속 기관 및 직급을 모두 소개하는 것은 개회식을 구성하는 빠질 수 없는 요소이다.

1 Эхлээд тус хурлыг зохион байгуулж байгаа Хангүг Гадаад Судлалын Их Сургуулийн Монгол судлалын хүрээлэнгийн захирал доктор, профессор ООО хүрэлцэн ирсэн зочид төлөөлөгчиддөө хандаж мэндчилгээ дэвшүүлнэ.

먼저 본 회의를 주최한 한국외국어대학교 몽골연구소 소장이신 ООО 교수께서 참석하신 귀빈들께 환영인사를 드리겠습니다.

2 Одоо Монгол Улсаас Бүгд Найрамдах Солонгос Улсад суугаа Онц бөгөөд Бүрэн Эрхэт Элчин Сайд ООО баяр хүргэж мэндчилгээ дэвшүүлнэ.

지금부터 주한몽골 전권대사이신 ООО께서 축사를 하겠습니다.

3 Хуралдааны дэс дарааллын дагуу Монгол Солонгосын хамтын ажиллагааны форумын дарга ООО хурлыг нээж үг хэлнэ.

회의순서에 따라 몽·한교류포럼 ООО회장께서 개회사를 하겠습니다.

4 Эхлээд Сөүл хотын Захирагч ноён ООО 12 сая хотын иргэдээ төлөөлж мэндчилгээ дэвшүүлнэ.

먼저 서울시장 ООО께서 1200만 시민을 대표해서 환영사를 하시겠습니다.

5 Монгол Улсын Ерөнхийлөгч ООО Манай хурлын үйл ажиллагаанд баяр хүргэж ил захидал ирүүлснийг Ерөнхийлөгчийн Тамгын газрын дарга ООО уншиж танилцуулна.

몽골국 대통령 ООО께서 우리 회의를 축하하는 엽서를 보내온 것을 대통령비서실장 ООО께서 읽어 드리겠습니다.

6 Хурлын дэс дараалаар, эхлээд орон тус бүрийн төлөөлөгчдийн тэргүүн нар баяр хүргэж үг хэлнэ. Үг хэлэх дараалал нь БНСУ, Монгол Улс, Япон, БНХАУ, ОХУ-ын төлөөлөгчдийн тэргүүн гэсэн дараалаар явагдана.

회의순서에 따라, 먼저 각국의 대표단장께서 축사를 해주시겠습니다. 연설순서는 대한민국, 몽골, 일본, 중국, 러시아의 대표단장 순이 되겠습니다.

7 Одоо хуралд оролцож байгаа улс орнууд болох БНСУ, Монгол Улс, Япон, БНХАУ, ОХУ-ын төлөөлөгчид хурлын нээлтийн ажиллагаанд зориулж үг хэлнэ.

지금부터 회의참가국인 대한민국, 몽골, 일본, 중국, 러시아의 대표들께서 개회사를 하겠습니다.

8 Аялал жуулчлалын үзэсгэлэнт арал болох Жэжү аралд зочилж байгаа Монгол Солонгосын парламентын бүлгийн дарга, УИХ (Улсын Их Хурал)-ын гишүүн ООО баяр хүргэж үг хэлнэ.

아름다운 관광의 섬, 제주도를 방문하신 몽한친선의원연맹 회장이신 국회의원 OOO께서 축사를 하겠습니다.

9 Эхлээд БНСУ-ын Соёл-Аялал Жуулчлалын Яамны Гадаад харилцааны хэлтсийн дарга ООО баяр хүргэж үг хэлнэ.

먼저 대한민국 문화관광부 국제교류처장 OOO께서 축사를 하겠습니다.

10 Дараагаар нь Жэжү арлын Өөртөө засах аймгийн Иргэдийн Төлөөлөгчдийн хурлын дарга ООО хариу мэндчилгээ дэвшүүлнэ.

다음에는 제주 자치도 도의회 의장이신 OOO께서 답사를 하겠습니다.

11 Хуралдаанд мэндчилгээ дэвшүүлсэн эрхэм зочид төлөөлөгчид, хурлын зохион байгуулагч талуудад талархал илэрхийье.

회의에 축사를 해주신 귀빈 여러분과 회의 주최측에 감사를 표합니다.

12 Халуун алга ташилтаар хүлээн авахыг хүсье.

뜨거운 박수로 맞이해 주시기를 바랍니다.

13 Нижигнэсэн алга ташилтаар хүлээн авахыг хүсье.

우레와 같은 박수로 맞이해 주시기를 바랍니다.

1-6. 참석자에 대한 환영인사

ХУРАЛД ОРОЛЦОГЧ ЗОЧИД ТӨЛӨӨЛӨГЧДӨД ТАЛАРХАЛ ИЛЭРХИЙЛЭХ

Олон улсын болон хамтарсан хуралдаан дээр тус хурлыг зохион байгуулагчдын зүгээс хүрэлцэн ирсэн зочид төлөөлөгчдөд хандан мэндчилгээ дэвшүүлдэг. Энэхүү мэндчилгээнд гол төлөв тухайн хуралдаанд оролцож байгаа зочид төлөөлөгчдөд талархал илэрхийлэх ба хурлын гол агуулга болон уг хурлаас гарах үр дүнг тодорхойлно. Эцэст нь хурлын үйл ажиллагаанд амжилт хүсэж мэндчилгээгээ өндөрлөнө.

국제회의나 공동회의에서 주최측은 회의 참석자들에게 환영 인사를 한다. 환영 인사에는 주로 참석자들에 대한 사의 표현과 회의의 요지 및 의의 등에 대하여 언급한다. 마지막으로는 회의의 큰 성과를 기원하며 마무리한다.

1 Сайн байцгаана уу? Та бүхэнтэй уулзаж байгаадаа баяртай байна.
안녕하십니까? 여러분과 만나 뵙게 되어 반갑습니다.

2 Солонгосын гадаад судлалын Их Сургуулийн Монгол

судлалын хүрээлэнг төлөөлж энд хүрэлцэн ирсэн зочид төлөөлөгч та бүхэнд мэндчилж байна.

한국외국어대학교 몽골연구소를 대표하여 이 자리에 참석하신 귀빈 여러분께 인사드립니다.

3   Зүүн хойд Азийн бүс нутгийн засаг захиргаадын холбооны Эдийн засгийн форумд хүрэлцэн ирсэн та бүхэнтэй мэндчилж байгаадаа туйлын баяртай байна. Ялангуяа алс холоос ирсэн зочид төлөөлөгчддөө чин сэтгэлийн талархал илэрхийлэхийн ялдамд манай Солонгос оронд тавтай морилохыг хүсэж байна.

동북아지역자치단체연합 경제포럼에 참석한 여러분께 인사를 드리게 되어 대단히 기쁩니다. 특히 먼 곳에서 오신 귀빈들께 진심으로 감사를 드리며 우리나라에 오신 것을 환영합니다.

4   Өнөөдрийн энэхүү хуралд хүрэлцэн ирсэн та бүхэнд чин сэтгэлийн халуун мэндчилгээ дэвшүүлж байна. Миний бие та бүхэнтэй цуг энэхүү хуралд оролцох болсон нь туйлын их аз завшаантай хэрэг гэж бодож байна.

오늘 이 회의에 참석한 여러분께 진심으로 따뜻한 인사를 드립니다. 저는 여러분과 함께 이 회의에 참가하게 되어 무한한 영광으로 생각합니다.

5 Манай хуралдаанд оролцохоор ирсэн та бүхэнд баярласан талархсанаа илэрхийлье. Хоёр өдөр үргэлжлэх манай хуралдаанд өөрсдийн санал бодлоо харамгүй хуваалцана гэдэгт итгэлтэй байна.

우리 회의에 참석하기 위해 오신 여러분께 감사를 표합니다. 이틀 동안 진행될 금번 회의에 개인적인 의견을 아낌없이 나눌 수 있을 것으로 확신합니다.

6 Солонгос дахь гадаадын иргэдийн хөдөлмөр эрхлэлтийн тухай асуудлыг авч хэлэлцэх манай өнөөдрийн уулзалт зөвөлгөөнд оролцохоор ирсэн та бүхэнд өөрийн холбооны нэрийн өмнөөс талархал дэвшүүлье.

주한 외국인 노동자 고용문제를 다루게 될 금번 간담회에 참석 하신 여러분께 본 협회를 대표해서 감사를 표합니다.

7 БНСУ-ын Байгалийн хийн корпорацийг төлөөлж та бүхэнд халуун дотно мэндчилгээ дэвшүүлэх болсондоо миний бие туйлын баяртай байна.

한국가스공사를 대표해서 여러분께 따뜻한 환영인사를 드리게 되어 대단히 기쁘게 생각합니다.

8 Өнөөдрийн хуралдаанд оролцохоор алс холоос зорьж ирсэн зочид төлөөлөгчиддөө гүнээ талархал илэрхийлж байна.

오늘 회의에 참석하기 위하여 멀리서 오신 귀빈들께 깊은 감사를 표합니다.

9 Өнөөдрийн хуралдаанд оролцохоор зав цаг гарган хүрэлцэн ирсэн эрхэм хүндэт зочид төлөөлөгчид та бүхэндээ чин сэтгэлээсээ талархал илэрхийлж байна.

오늘 회의에 참석하기 위하여 시간을 내어 왕림하신 존경하는 귀빈 여러분께 진심으로 감사를 표합니다.

10 Дэлхийн 50 гаруй орны 5000 орчим эрдэмтэн судлаачид өнөөдрийн манай Биотехнологийн олон улсын эрдэм шинжилгээний их хуралд оролцохоор Сөүл хотыг зорин ирсэнд тун бахархалтай байна.

세계 50여 국가의 5000여 명의 학자들이 오늘 생명공학 국제 학술대회에 참석하기 위하여 서울시에 오시게 되어서 매우 자랑스럽게 생각합니다.

11 Энэ удаагийн олон улсын эрдэм шинжилгээний их хурал тал бүрийн ач холбогдолтой болж байна.

금번 국제학술대회는 모든 면에서 중요한 의의를 갖고 있습니다.

12 Та бүхний ажил үйлсэд амжилт хүсье.
여러분 모두의 성공을 기원합니다.

13 Энэ удаагийн хурал амжилт бүтээл дүүрэн болно гэдэгт эргэлзэхгүй байна.
금번 회의가 풍성한 성과를 거둘 것으로 확신합니다.

14 Та бүхэнд дахин талархаснаа илэрхийлье.
여러분께 다시 한 번 감사를 표합니다.

15 Анхаарал тавьсан та бүхэнд баярлалаа.
경청해 주신 여러분께 감사드립니다.

1-7. 주최 측에 대한 사의 표현

ХУРАЛ ЗОХИОН БАЙГУУЛАГЧДАД ТАЛАРХАЛ ИЛЭРХИЙЛЭХ

Хуралд хүрэлцэн ирсэн зочид төлөөлөгчид хурал зохион байгуулагч талуудад дараах байдлаар талархал илэрхийлж болно. Ялангуяа, гадаадаас ирсэн зочид төлөөлөгчид хурал зохион байгуулж буй байгууллага төдийгүй, тухайн хурлыг зохион байгуулахад дэмжлэг үзүүлсэн улс орон, засгийн газар, хотын захиргаа зэрэг байдлаар өргөн хүрээтэй байдлаар талархал илэрхийлж болно.

회의 참석자들 모두는 주최측에 다음과 같이 사의 표현을 한다. 특히, 해외 참석자들은 회의를 주최하는 기관뿐만 아니라 지원을 아끼지 않은 국가와 정부기관, 지방자치정부에 사의를 표하기도 한다

1 Хуралд оролцохоор хүрэлцэн ирсэн нийт зочид төлөөлөгчдөө төлөөлж, уг хурлыг зохион байгуулж байгаа МУ-ын Худалдаа, аж үйлдвэрийн танхимд талархал илэрхийлье.

회의에 참석하기 위하여 왕림한 전체 대표단을 대신하여 본 회

의를 주최한 몽골국 상공회의소에 감사를 표합니다.

2 Өнөөдрийн энэхүү хуралд уригдан оролцож байгаадаа туйлын баяртай байна. Энэ завшааныг ашиглан Солонгосын нийт ард түмэнд сайн сайхан бүхнийг хүсэн ерөөе!

오늘 이 회의에 초대되어 참석하게 되어서 매우 기쁩니다. 이 기회를 빌어 한국의 전체 국민들께 행복을 기원합니다.

3 МУ-ын Засгийн газрын хэрэгжүүлэгч агентлаг Ашигт малтмалын газартай хамтран өнөөдрийн хуралдааныг зохион байгуулж байгаадаа туйлын баяртай байна. Манай БНСУ-ын Геологи, эрдэс баялагын судалгаан хүрээлэн болон МУ-ын Ашигт малтмалын газрын нягт хамтын ажиллагааны үр дүнд өнөөдрийн хуралдааны бэлтгэл ажлыг амжилттай хэрэгжүүлж ирлээ.

몽골국 정부산하 기구인 광물국과 공동으로 오늘 회의를 주최하게 되어 매우 기쁘게 생각합니다. 우리 한국 지질자원연구소와 몽골 광물국 간의 긴밀한 협력의 결과로 금번 회의의 준비 작업을 성공적으로 완수했습니다.

4 Манай өнөөдрийн хурал МУ-ын БСШУЯ-ны ивээл дор

зохион байгуулагдаж байна. Иймд юуны урьдаар тус яамны хамт олонд баярласан талархаснаа илэрхийлэх нь зүйтэй болов уу!

금번 회의는 몽골국 교육문화과학부의 후원으로 개최되고 있습니다. 따라서 무엇보다도 먼저 교육문화과학부의 관계자 여러분께 감사를 표하는 바입니다.

5   Жил бүр уламжлал болон зохион байгуулагддаг өнөөдрийн энэхүү уулзалтын зохион байгуулсан Монголын Улаан Загалмай Нийгэмлэгийн ажлын хэсэгт талархал илэрхийлэхийг хүсэж байна. Зүүн Азийн орнуудын бүсэд хамрагдах Монгол, Солонгос, Хятад, Япон зэрэг улс орны Улаан Загалмайн нийгэмлэгүүд, тэдгээрийн хандивлагч байгууллага, Олон улсын Улаан Загалмайн холбоо, Олон улсын Улаан Загалмайн хорооны төлөөлөгч нар ийнхүү хуран цуглах бололцоо олгосон та бүхэнд нийт хуралд оролцогч гишүүдийнхээ нэрийн өмнөөс талархал илэрхийлж байна.

해마다 정기적으로 개최되고 있는 이 회의를 주최한 몽골 적십자사의 관계자들에게 감사를 표하고 싶습니다. 동북아지역국가에 포함되는 몽골, 한국, 중국, 일본 등 국가들의 적십자사와 기부단체, 국제적십자사, 국제적십자위원회 대표단이 이 회의에 모일 수 있는 기회를 만들어 준 여러분께 전체 회의참석회원들을 대표하여 감사를 표합니다.

6 Юуны өмнө, өнөөдрийн энэ хурлын хэлэлцэх асуудлын талаар санал бодлоо хуваалцах завшаан олгосон та бүхэнд талархалаа илэрхийлье. Хуралдаан эхлэхийн өмнө хэдэн зүйлийн талаар тэмдэглэж хэлэхийг хүсэж байна.

먼저 오늘 회의의 안건에 관하여 의견을 나눌 기회를 주신 여러분께 감사를 표합니다. 회의 시작 전에 몇 가지 사항을 언급하고자 합니다.

7 Эцэст нь энэхүү чухал арга хэмжээг амжилттай зохион байгуулахад тусламж дэмжлэг үзүүлсэн БНСУ-ын Хангүг Гадаад Судлалын Их Сургуульд чин сэтгэлээсээ талархал илэрхийлж байна.

끝으로 이 중요한 행사를 성공적으로 개최하는 데 후원해주신 대한민국 한국외국어대학교에 진심으로 감사를 표합니다.

8 Өнөөдрийн уулзалт зөвөлгөөн амжилттай зохион байгуулагдах бүхий л нөхцөл боломцоогоор хангаж өгсөн Улаанбаатар хотын Захирагчийн албаны холбогдох

хүмүүст талархал илэрхийлье. Мөн бид бүхнийг ийнхүү халуун дотноор хүлээн авсан Улаанбаатар хотын нийт иргэдэд баярлалаа!

금번 간담회가 성공적으로 개최될 수 있도록 모든 역량을 기울여주신 올란바타르시장 비서실 관계자들께 감사를 표합니다. 또한 저희들을 이렇게 따뜻하게 맞이해주신 올란바타르 시민 여러분께도 감사를 드립니다.

1-8. 회의 개최 배경 및 목적에 대한 설명

ХУРЛЫН ЗОРИЛГО, ХЭЛЭЛЦЭХ АСУУДЛЫГ ТОДОРХОЙЛОХ

Нээлтийн ажиллагааны үеэр хурлыг зохион байгуулагчдын зүгээс тухайн хуралдааныхаа зорилго, шалтгааныг товчхон тайлбарлаж өгөх нь бас нэгэн чухал хэсэг юм. Хуралдаан эхлэхийн өмнө ийнхүү зорилго, хэлэлцэх асуудлаа тодорхойлж өгсөнөөр уг хуралдаан оролцогчдод тухайн хуралдаанаас ямар асуудал шийдвэрлэх талаар үндсэн баримжаа олгож, мөн хуралдаанд оролцох идэвхийг хөгжөөж өгнө.

Хэрвээ урьд өмнө нь зохион байгуулагдаж байсан бол тэдгээр хурлуудынхаа товч тойм, шийдвэрлэсэн асуудал, үр дүнгийн тухай дурддаг. Тэгээд үүнтэйгээ уялдуулан энэ удаагийн хурлын зорилго, хэлэлцэх асуудал, хүлээгдэж буй үр дүнгийн тухай товчхон мэдээлэл хийнэ.

개회식 때 주최측에서 해당 회의의 목적, 배경을 간략히 소개한다. 회의 시작 전 이러한 목적 및 배경을 설명함으로써 회의 참석자들에게 해당 회의에 대한 기대감 및 성과를 적극적으로 알린다.

만약, 이전부터 개최되어 온 정기적인 회의인 경우 이전의 회의에 대해 간략한 소개 및 성과, 결의한 내용에 대해 언급한다. 이어서 금번 회의의 목적, 토의 내용, 기대 성과에 대해 간략히 소개한다.

1 Өнгөрсөн хуралдаанууд дээр оролцож амжаагүй хүмүүст зориулж товчхон танилцуулга хийе гэж бодож байна.

지난 회의에 참석하지 못한 사람들을 위하여 간략한 설명을 드리고자 합니다.

2 Тус Монгол судлалын хүрээлэн байгуулагдсанаасаа хойш энэхүү эдийн засгийн форумыг хоёр ч удаа амжилттай зохион байгуулсан бөгөөд энэ жил ийнхүү гурав дахь удаагаа зохион байгуулж байна. Манай хүрээлэнгийн үйл ажиллагааны нэгэн чухал салбар болох хоёр орны эдийн засгийн хамтын ажиллагааг хөгжүүлэх, хөрөнгө оруулагчдыг дэмжих зорилго бүхий энэхүү форум нь өнгөрсөн хугацаанд зохих хэмжээний үр дүнтэй болж өнгөрсөн гэж хэлж болно.

본 몽골연구소가 설립된 후 이러한 경제포럼을 두 차례나 성공적으로 개최하였으며 올해에는 이와 같이 세 번째로 개최하고 있습니다. 우리 연구소의 사업 가운데 중요한 하나의 부문인 양국의 경제교류 발전과 투자자 지원의 목적을 가진 이 포럼은 그 동안 소기의 결실을 거두었다고 말할 수 있습니다.

3   Юуны өмнө тус хуралдаан зохион байгуулагдаж ирсэн түүхийг товчхон дурдахыг хүсэж байна. Манай энэхүү хуралдаан нь анх 1993 онд Монгол Солонгосын найрамдлын нийгэмлэгийн санаачилгаар зохион байгуулагдаж эхэлсэн бөгөөд хоёр орны найрсаг харилцаа, хамтын ажиллагааг бүхий л салбарт өргөжин гүнзгийрэх зорилт тавьж ирсэн юм. Дээрх хугацаанд ч өөрийн тавьсан зорилтоо амжилттай хэрэгжүүлж ирсэн гэдгийг дурдахад таатай байна.

먼저 본 회의가 개최되어온 역사를 간략하게 언급하고 싶습니다. 우리의 이 회의는 처음 1993년 몽·한친선협회의 주창으로 개최되기 시작하였으며 양국 간의 친선관계와 교류협력을 전면적으로 확대·심화하려는 목표를 설정해 왔습니다. 그 동안 자체적으로 설정한 목표를 성공적으로 완수해왔다는 것을 언급하게 되어 기쁩니다.

4   1997 оноос эхлэн Монгол Улсын Үндэсний Түүхийн музей, ШУА-ын Археологийн хүрээлэн, БНСУ-ын Үндэсний түүхийн музей хамтран "Мон-Сол төсөл"-ийг хэрэгжүүлж Монгол нутаг дахь археологийн дурсгалыг шинжлэн

судлах ажлыг өрнүүлэн, түүний тайлан болгож энэхүү хуралдааныг уламжлал болгон зохион байгуулсаар ирлээ. 1997년부터 몽골 국립역사박물관은 과학아카데미 고고학연구소와 대한민국 국립역사박물관과 공동으로 "몽-솔프로젝트"를 실행하여 몽골지역의 고고학 유물에 대한 연구조사를 확대하고 그것의 보고서에 해당하는 이 회의를 정기적으로 개최해 오고 있습니다.

5 Энэ удаа манай хурал анх удаа зохион байгуулагдаж байна. Бид бүхэн энэ хурлаараа дараах асуудлыг шийдвэрлэх зорилт тавьж байгаа билээ.
이번에 개최되는 회의는 초대회의입니다. 우리들은 이번 회의에서 다음과 같은 문제들을 해결하려는 목적을 가지고 있습니다.

6 Өнөөдрийн хуралдааны гол зорилго маань бүс нутгийн хамтын ажиллагааг хөгжүүлэх явдалд оршиж байна. Ялангуяа, энэ хуралдаанд Монгол улсын Зам тээвэр, аялал жуулчлалын яамны албаны хүмүүс болон БНСУ-ын Төмөр замын хэрэг эрхлэх газрын төлөөлөгчид оролцож байгаа нь бүс нутгийн зам тээвэр, ачаа эргэлтийн талаар

цаашид баримтлах бодлого боловсруулахад ихээхэн хувь нэмэр оруулах асуудлуудыг хэлэлцэнэ хэмээн найдаж байна.

오늘 회의의 주요 목표는 지역교류협력의 증진에 있습니다. 특히, 금번 회의에 몽골국 도로교통관광부 공무원들과 대한민국 철도청 대표단이 참가하고 있다는 사실은 지역의 도로교통 및 상품유통에 관하여 향후 취하게 될 정책의 입안에 큰 기여를 하게 될 문제들을 논의할 것으로 확신합니다.

7   Манай хоёр орны харилцаа, хамтын ажиллагааны тулгамдсан асуудал бол яах аргагүй уул уурхайн салбарын хамтын ажиллагаа билээ. Газрын доорх ашигт малтмалаар баян Монгол улс хийгээд, техник технологийн өндөр хөгжилтэй Солонгос улсын харилцан ашигтай хамтын ажиллагааны хамгийн оновчтой голдирлыг тодорхойлох нь манай өнөөдрийн уулзалт зөвлөгөөний гол зорилт юм. Манай өнөөдрийн зөвлөгөөнд хоёр орны холбогдох салбарын удирдлагууд оролцож байгаагаас гадна, юу юунаас илүүтэйгээр энэ салбарын хамгийн шилдэг мэргэжилтэн бөгөөд манай хоёр орны харилцаа, хамтын ажиллагааны эхлэлийг тавьж өгсөн хүний нэг болох Монгол Улсын анхны Ерөнхийлөгч, доктор, профессор Пунсалмаагийн Очирбат гуай оролцож

байгаараа өнөөдрийн энэ зөвлөгөөнийг улам илүү ач холбогдолтой болгож байгааг тэмдэглэх хэрэгтэй юм.

우리 양국관계와 교류협력에서의 현안은 분명히 광업부문의 교류협력입니다. 지하의 유용광물이 풍부한 몽골국과 과학기술이 고도로 발달된 한국이 상호 이익이 되는 교류협력의 가장 적절한 방향규명은 금번 간담회의 주요 목표입니다. 오늘 간담회에는 양국의 관련부문의 관료들이 참가하고 있을 뿐만 아니라, 무엇보다도 중요한 것은 이 부문의 가장 뛰어난 전문가이며 우리 양국관계와 교류협력의 물꼬를 터주신 인사 중의 한 분이신 초대 몽골국대통령 푼살마깅 오치르바트 박사님께서 참석하셔서 오늘의 간담회를 더욱 의의있는 것으로 만들어 주고 있다는 사실을 언급해야 하겠습니다.

8 Өнөөдрийн энэ форум үндсэн хоёр асуудалд чиглэгдэж байна. Юуны өмнө, өнөөдөр дэлхий дахинаа нүүрлээд байгаа хамгийн том асуудал бол хүнсний хомсдол юм. Монгол улс бол хөдөө ахуйн орон билээ. Тэр ч утгаараа дэлхий дахинаа нүүрлээд байгаа дээрх асуудлыг шийдвэрлэхийн тулд олон улс орон Монгол улсын хөдөө аж ахуйн өнөөгийн байдалд ихээхэн анхаарал хандуулж байна. Энэ удаагийн форумд оролцож байгаа зочид

төлөөлөгчид маань энэ салбарын тэргүүлэх эрдэмтэн, судлаачид байгаа нь дээрх асуудлыг шийдвэрлэх гарцыг хэрхэн хайх, Монголын хөдөө аж ахуйн бодлогыг хэрхэн уялдуулахад үнэтэй санал зөвлөгөө өгнө гэдэгт найдаж байна. Нөгөө нэг асуудал нь, ...

오늘의 이 포럼은 두 가지 핵심적인 문제에 방향이 맞추어져 있습니다. 무엇보다도 먼저, 오늘날 전 세계적으로 직면하고 있는 가장 큰 문제는 식량부족입니다. 몽골국은 농업국가입니다. 그러한 의미에서도 전 세계적으로 직면하고 있는 앞의 문제를 해결하기 위하여 수많은 국가들은 몽골국 농목축업의 현재의 상황에 많은 주의를 기울이고 있습니다. 금번 포럼에 참가하고 있는 귀빈 여러분이 이 분야의 선도적인 학자 및 연구자들이라는 것은 전술한 문제들을 해결할 수 있는 실마리를 어떻게 모색할 것인가라는 것과 몽골국의 농목축업정책을 어떻게 유기적인 것으로 만들 것인가라는 문제해결에 귀중한 의견과 조언을 주실 것으로 확신합니다. 그리고 또 다른 한가지 문제는 ...

1-9. 기념촬영

ДУРСГАЛЫН ЗУРАГ АВХУУЛАХ

Хуралдааны нээлтийн ажиллагаа дууссаны дараагаар хурлын зохион байгуулагч талын холбогдох хүмүүс болон зочид төлөөлөгчид хамтдаа дурсгалын зураг авхуулна.

개회식을 마친 후 회의 주최측과 내외 귀빈 모두 기념 촬영을 한다.

1 Эрхэм хүндэт зочид төлөөлөгчид өө! Манай хурлын нээлтийн ажиллагаа өндөрлөх дөхөж байна. Одоо зочид төлөөлөгчид та бүхнийг урагшаа гарч ирээд хамтдаа дурсгалын зураг авхуулахыг хүсэж байна.
   존경하는 귀빈 여러분! 금번 회의의 개회식을 끝마치고자 합니다. 이제 귀빈 여러분께서는 앞으로 나오셔서 함께 기념사진을 촬영하시기 바랍니다.

2 Одоо дурсгалын зураг авхуулъя! Эрхэм хүндэт зочид төлөөлөгчид та бүхнийг индрийн өмнө гарч ирэхийг хүсэж байна.
   이제 기념사진을 찍겠습니다. 존경하는 귀빈 여러분께서는 연단 앞으로 나오시기 바랍니다.

3 Ингээд хурлын нээлтийн ажиллагааны сүүлийн хэсэг болох дурсгалын зураг авхуулах хэсэг үлдэж байна. Эрхэм хүндэт зочид төлөөлөгчид та бүхнийг индэр луу гарч ирэхийг хүсэж байна.

이제 개회식의 마지막 행사인 기념사진 촬영이 남았습니다. 존경하는 귀빈 여러분께서는 연단으로 나오시기 바랍니다.

1-10. 회의 진행 설명 및 공지사항

ХУРАЛДААНЫ ДЭГ ТАНИЛЦУУЛАХ, ЗАРЛАЛ СОНОРДУУЛАХ

Хурлын нээлтийн ажиллагаа өндөрлөсний дараагаар хуралд оролцож байгаа төлөөлөгчдөд хандан хурлын үйл ажиллагаатай холбоотой тайлбар, мэдээллийг сонордуулдаг. Үүнд хуралдаан ямар дэг журмаар явагдах болон салбар хуралдааны дарга нарыг танилцуулах зэрэг байж болно. Мөн хурлын үйл ажиллагаанд ямар нэгэн өөрчлөлт гарсан бол урьдчилан мэдэгдэнэ.

개회식을 마친 후 회의 참석자들에게 회의와 관련된 공지사항을 설명한다. 여기에는 회의 규정 및 분과 회의 좌장 등의 소개를 포함할 수 있다. 또한 회의 진행에 있어 변경 사항이 있으면 미리 공지한다.

1 Манай хуралдааны нээлтийн ажиллагаа үүгээр өндөрлөж байна. Одоо хэсэг хугацааны дараа үндсэн хуралдааны ажиллагаа эхлэх бөгөөд үүнтэй холбогдуулан хурлын дэгийг та бүхэнд танилцуулъя.

금번 회의의 개회식을 이것으로 마치겠습니다. 이제 잠시 후에는 본회의가 시작되겠습니다. 이와 관련하여 회의의 규정을 여러분께 설명 드리겠습니다.

2   Одоо 10 минут завсарлага авсаны дараа 10 цаг 20 минутаас эхлээд шууд үдээс өмнөх хуралдаандаа оръё. Та бүхнийг цагтаа амжиж суудлаа эзлэхийг хүсэж байна.

이제 10분간 휴식 후 10시 20분부터 바로 오전 회의로 들어가 겠습니다. 여러분께서는 시간에 맞게 자리에 앉아 주시기를 바랍니다.

3   Өнөөдрийн хурлын дэгийг танилцуулъя. Тус хуралдаанаар үдээс өмнө 3 илтгэл, үдээс хойно 7 илтгэлийг авч хэлэлцэх болно. Нийт илтгэлийг хэлэлцэж дууссаны дараагаар асуулт хариулт, хэлэлцүүлэг өрнүүлэх саналтай байна.

오늘 회의의 규정을 설명드리겠습니다. 금번 회의에서는 오전 에 3편의 논문과 오후에 7편의 논문에 대한 논의가 있겠습니다. 모든 논문발표가 끝난 다음에 질의 응답과 토론회를 갖기로 하겠습니다.

4   Хуралд оролцож байгаа зочид төлөөлөгчдийн саналыг бас

асуух нь зүйтэй болов уу? Илтгэлийг хэлэлцэхдээ тус тусад нь нэг илтгэл дууссаны дараа шууд шүүмж хэлэлцүүлэгтээ орох уу, аль эсвэл нийт илтгэлээ сонсож дууссаны дараа нэгдсэн байдлаар хэлэлцүүлгээ хийсэн нь дээр үү?

회의에 참석하신 귀빈 여러분들의 의견을 물어보는 것이 좋겠습니다. 논문에 대한 토론에 있어서 각각 하나의 논문발표가 끝난 후 곧바로 토론을 가지는 것이 낫겠습니까? 아니면 모든 논문발표를 듣고 난 후에 종합적인 토론방식으로 하는 것이 좋겠습니까?

5 Манай өнөөдрийн хуралдаан дээр тавигдах илтгэлийн тоо олон байгаатай холбогдуулан салбар хуралдаанаар хуваагдан явагдах болно. Салбар хуралдаан явагдах өрөөний дугаарыг илтгэлийн эмхэтгэл дээр тодорхой заасан байгаа. Та бүхнийг сонирхсон салбар хуралдаандаа орж илтгэл сонсохыг хүсье.

오늘 회의에 발표될 논문의 수가 많은 관계로 분과회의로 나누어서 진행될 것입니다. 분과회의가 진행될 회의실의 번호는 논문집에 표기해 놓았습니다. 여러분께서는 관심있는 분과회의에 참석하셔서 논문발표를 들으시기 바랍니다.

6 Манай хуралдаан төлөвлөснийхөө дагуу нэг илтгэлийг 15-20 минут сонсох болно. Мөн шууд орчуулгатайгаар явагдах тул илтгэл тавигч эрхэм та бүхнийг цагаа сайн барихыг хүсэж байна.

금번 회의는 계획한 바와 같이 각 논문의 발표시간은 15-20분이 되겠습니다. 또한 동시통역으로 진행되기 때문에 논문발표자 여러분께서는 시간을 잘 지켜 주시기를 바랍니다.

7 Гадаа танхимд цай, кофе болон амттан бэлдсэн байгаа тул та бүхэн завсарлагааны хугацаагаа ая тухтай өнгөрүүлэхийг хүсье.

밖에 차와 커피 및 과자를 준비해 두었습니다. 귀빈 여러분께서는 휴식시간을 즐겁게 보내시기 바랍니다.

8 Хурлын үйл ажиллагаанд бага зэргийн өөрчлөлт орсныг та бүхэнд сонордуулъя.

회의 일정에 약간의 변경이 생겼다는 것을 여러분께 알려드리겠습니다.

9 Нээлтийн ажиллагаа төлөвлөсөн цагаасаа бага зэрэг оройтож дууссан тул дараагийн арга хэмжээндээ шууд орох хүсэлтэй байна. Та бүхнээс хүлцэл өчье.

개회식이 원래의 일정보다 약간 늦게 끝났기 때문에 다음 행사로 곧 들어가기로 하겠습니다. 여러분께 양해를 구합니다.

10 Хуралдааны их үдийн завсарлагаа 12 цаг 30 минутаас 14 цагийн хооронд болно. Өдрийн зоогоо та бүхэн зочид буудлын нэгдүгээр давхарт байрлах зоогийн газарт барина уу.

회의의 점심시간은 12시 30분부터 14시까지입니다. 점심식사는 호텔 1층에 있는 식당에서 하시겠습니다.

11 Өнөөдрийн хуралдаан дууссаны дараагаар шууд хүндэтгэлийн зоог барих тул та бүхнийг нэг ч хүн хоцролгүй бүгдээрээ оролцохыг хүсэж байна. Зоогийн газар луу тусгай үйлчилгээний машин 18 цаг 40 минутад хөдлөнө.

오늘 회의가 끝난 후 곧 바로 만찬이 있으니 여러분께서는 한 사람도 빠짐없이 모두 참석하시기를 바랍니다. 만찬장으로 전용 차량이 18시 40분 출발할 것입니다.

1-11. 회의 성과 기대 표명

ХУРЛЫН ҮЙЛ АЖИЛЛАГААНД АМЖИЛТ ХҮСЭХ

Хурлын нээлтийн ажиллагааны үеэр дэвшүүлэх мэндчилгээнүүд тухайн хурлын үйл ажиллагаанд амжилт хүссэн, дэвшүүлэн тавьж байгаа зорилго, асуудлуудаа шийдэж үр дүнтэй хурал болохыг ерөөсөн үг хэллэгүүд багтаж байдаг. Мөн хуралд оролцогч зочид төлөөлөгчдөд ч ач холбогдолтой, олз омогтой хурал болохын ерөөл дэвшүүлсэн үг хэллэг байнга орж байдаг.

개회식 때 환영사 및 인사말에는 회의의 성공을 기원하는 기원문이 포함된다. 또한 참석자들에게도 의의와 열매가 풍성한 회의가 되기를 기원하는 표현이 자주 등장한다.

1 Энэ удаагийн хуралдаан амжилттай болж өндөрлөнө гэдэгт итгэлтэй байна.

금번 회의가 성공적으로 개최될 것을 확신합니다.

2 Энэ удаагийн хуралдаанд амжилт хүсэхийн ялдамд хуралд оролцож байгаа нийт зочид төлөөлөгчид та бүхэнд сайн сайхан бүхнийг хүсэн ерөөе!

금번 회의의 성공을 빌며 회의에 참석하고 계시는 전체 귀빈 여러분들께 행운을 기원합니다.

3 Хуралдааны үйл ажиллагаа амжилт бүтээлээр дүүрэн байхын ерөөлийг дэвшүүлээд энэхүү хуралдаанд оролцох завшаан олгосон явдалд дахин талархалаа илэрхийлье.

회의가 큰 성공을 거두기를 기원하며 금번 회의에 참석할 기회를 준 것에 대하여 다시 한 번 감사를 표하는 바입니다.

4 Эцэст нь хэлэхэд, өнөөдрийн энэхүү хуралдаан нь Монгол Солонгос хоёр орны хөрөнгө оруулагч нарын өмнө тулгараад байгаа олон олон асуудлыг ул суурьтай авч хэлэлцэж, тэдгээрийг шийдвэрлэх арга замыг хайн олох ач холбогдолтой, үр дүнтэй арга хэмжээ болно гэдэгт итгэлтэй байгаагаа илэрхийлж байна.

끝으로, 오늘의 이 회의는 몽골과 한국 양국의 투자자들이 직면하고 있는 수많은 문제들을 철저하게 토의하고 그것들을 해결할 수 있는 방안을 모색하는 중요한 의의와 결실이 있는 행사가 될 것으로 확신하는 바입니다.

5 Монгол Солонгос хоёр орны хооронд дипломат харилцаа тогтосны 30 жилийн ой тохиож буй энэ жил манай хоёр орны харилцаа, хамтын ажиллагаа улам батжин

бэхжихийн зэрэгцээ, бүс нутгийн улс орнуудын шинэ харилцаа, шинэ хамтын ажиллагааг тодорхойлон гаргах нэгэн жил болно гэдэгт итгэлтэй байна. Өнөөдрийн хуралд оролцож байгаа Эрхэм та бүхэнд эрүүл энх, сайн сайхан бүхнийг хүсэн ерөөе.

몽골과 한국 양국간의 외교관계 수립 30주년을 맞이하고 있는 금년은 우리 양국간의 관계와 교류협력이 더욱 강화되는 것과 아울러, 지역국가들간의 새로운 관계와 새로운 교류협력을 여는 한 해가 될 것으로 확신합니다. 오늘의 회의에 참석하고 계시는 귀빈 여러분께 건강과 행운을 기원합니다.

6 Өнөөдрийн хуралдаан манай хоёр орны шинэ мянганы харилцаа, хамтын ажиллагааг илүү өргөн хүрээтэй хөгжүүлж, шинэ шатанд гаргах үйл явдлын эхлэл болно гэдэгт итгэлтэй байгаагаа илэрхийлээд үгээ төгсгөж байна. Баярлалаа.

오늘의 회의는 우리 양국간의 새 천년의 관계와 교류협력을 더욱 광범위하게 발전시키고 새로운 단계로 도약하는 사건의 시초가 될 것을 확신하는 바입니다. 이것으로 제 말을 마치겠습니다. 감사합니다.

7 Энэ удаагийн эрдэм шинжилгээний хурлыг амжилттайгаар зохион байгуулахад хүрэлцэн ирсэн зочид төлөөлөгч та бүхэн бүхий л талаар дэмжлэг туслалцаа үзүүлнэ гэдэгт найдаж байна. Та бүхэнд эрүүл энх, сайн сайхан бүхнийг хүсэн ерөөе.

금번 학술회의를 성공적으로 개최하는 일에 참석해 주신 귀빈 여러분들께서 모든 측면에서 후원해주실 것으로 믿고 있습니다. 여러분께 건강과 행운을 기원합니다.

8 Энэ удаагийн Монгол судлалын олон улсын эрдэм шинжилгээний хурал амжилт дүүрэн болж өнгөрнө гэдэгт итгэлтэй байна. Та бүхэнд баярлалаа.

금번 국제 몽골학 학술대회가 성공적으로 개최될 것으로 확신 합니다. 여러분께 감사드립니다.

9 Манай Элчин Сайдын Яамны зүгээс, мөн миний бие Монгол Улсыг төлөөлөн сууж буй Элчин сайдынхаа хувиар та бүхний үйл ажиллагаанд харамгүй туслалцаа үзүүлэн, ямагт хамтран ажиллахад бэлэн байгаагаа илэрхийлж байна. Та бүхний энэ удаагийн эрдэм шинжилгээний хурал амжилт бүтээлээр арвин байхын өлзийтэй сайхан ерөөлийг өргөн дэвшүүлье.

우리 대사관측과 아울러 본인이 몽골국을 대표하는 대사의 입장에서 여러분들의 활동에 아낌없는 지원과 협력을 다 할 준비가 항상 되어있다는 점을 밝힙니다. 여러분들의 금번 학술회의가 성공으로 풍성하기를 기원합니다.

10 Энэ удаагийн Олон улсын эрдэм шинжилгээний их хурал бол манай Монгол, Солонгос хоёр орны сайн хөршийн найрамдалт хамтын ажиллагааны түншлэлийг улам гүнзгийрүүлж, мөн олон улсын тавцан дахь манай Хангүг Гадаад Судлалын Их Сургуулийн байр суурийг улам бататгаж, дэлхийн төвшинд хүрсэн монгол судлалыг хөгжүүлэн дэлгэрүүлэхийн ерөөлийг айлтгаж байна. Анхаарал тавьсан та бүхэнд баярлалаа.

금번 국제학술대회는 몽골국과 한국 우리 양국간의 선린우호협력 동반자관계를 더욱 심화하고 국제무대에서의 한국외국어대학교의 위상을 더욱 강화하고 세계적인 수준에 도달한 몽골학을 발전시키기를 기원합니다. 경청해주신 여러분들께 감사드립니다.

‖ 본회 및 발표
ҮНДСЭН ХУРАЛДААН

2-1. 회의장 입장 요청

ХУРАЛДААНЫ ТАНХИМД ОРОХЫГ ХҮСЭХ

Хурлын нээлтийн ажиллагаа өндөрлөсний дараа богино хугацааны завсарлага авдаг. Завсарлагааны хугацаанд дараагийн үйл ажиллагаа болох үндсэн хуралдааны танхимыг бэлдэх, хурлын дарга болон илтгэгчийн ширээ засах зэрэг ажил явагдана. Хурлын цаг болоход хуралдаан даргалагчийн зүгээс хүрэлцэн ирсэн зочид төлөөлөгчдийг танхимд орж байраа эзлэхийг хүссэн үг хэллэгийг аль ч хурал дээрээс харж болно. Үүнтэй холбогдол бүхий үг хэллэгийг доор авч үзье.

개회식을 마친 후 짧은 시간 동안 티타임(브레이크 타임)을 갖는다. 이 휴식 시간에는 회의를 진행할 회의장 셋팅을 한다. 회의 시간이 되면 좌장 측에서 참석자들이 회의장에 입실하고 착석하기를 요청한다. 이와 관련된 표현들은 다음과 같다.

1 Та бүхний энэ өдрийн амгаланг айлтгая! Та бүхэн хуралдааны танхимд орж суудлаа эзлэнэ үү!
여러분께 안부인사를 드립니다. 여러분께서는 회의장에 입장하셔서 착석해 주십시오.

2 Хуралдаан эхлэхэд 3 минут үлдлээ. Эрхэм хүндэт зочид төлөөлөгчид та бүхнийг хуралдааны танхим руу орж суудлаа эзлэхийг хүсье.

회의가 시작하기에 3분이 남았습니다. 존경하는 귀빈 여러분께서는 회의장으로 입장하셔서 착석해 주시기 바랍니다.

3 Үндсэн хуралдаанаа 10 цаг 20 минутаас эхлэе. Гадаа танхимд байгаа хүмүүсийг дотогшоо хурлын танхимд орж суудалдаа суухыг хүсэж байна.

본회의를 10시 20분에 시작하겠습니다. 밖에 계시는 분들은 안으로 회의장에 입장하셔서 착석해 주시기 바랍니다.

4 Хэсэг хугацааны дараа үндсэн хуралдаан эхлэх тул хатагтай, ноёд та бүхнийг хуралдааны танхим руу орохыг хүсье.

잠시 후에 본회의가 시작될 예정이오니 신사, 숙녀 여러분께서는 회의장으로 입장하시기 바랍니다.

5 Та бүхнийг суудлаа эзлэхийг хүсэж байна. Манай хуралдаанаар хэлэлцэгдэх илтгэлүүдэд туйлын чухал асуудлуудыг хөндсөн зүйл их байгаа тул хуралдаанаа эртхэн эхэлсэн зөв байх гэж бодож байна.

여러분께서는 착석해 주시기 바랍니다. 금번 회의에서 논의되게 될 매우 중요한 문제들을 다룬 의제가 많이 있기 때문에 빨리 시작하는 것이 좋지 않을까라고 생각합니다.

6 Эрхэм хүндэт хатагтай, ноёд оо! Та бүхнийг суудалдаа суун анхааралаа хандуулахыг хүсэж байна. Манай өнөөдрийн хуралдаан эхлэхэд бэлэн боллоо.
존경하는 신사 숙녀 여러분! 여러분께서는 착석하셔서 경청해 주시기 바랍니다. 오늘 회의를 곧 시작하겠습니다.

7 Эрхэм хүндэт зочид төлөөлөгчид өө! Та бүхнийг суудлаа эзэлвэл хуралдаанаа эхэлье. Та бүхэн сайн мэдэж байгаачлан хоёр өдрийн турш бид бүхний хэлэлцэх асуудал их байгаа тул ингээд хуралдаанаа эхэлье.
존경하는 귀빈 여러분! 여러분께서 착석하시는 대로 회의를 시작하겠습니다. 여러분께서도 잘 아시다시피 앞으로 이틀 동안 우리들은 논의할 문제들이 많기 때문에 이제 회의를 시작하겠습니다.

8 Хуралдаанаа эхэлье. Тэр хойгуур зогсож байгаа хүмүүс наашаа ирээд суудалдаа суухыг хүсэж байна.

회의를 시작하겠습니다. 저기 뒤에 서 계신 분들은 앞으로 나
오셔서 착석해주시기 바랍니다.

9 Дахиад бид бүхэнд өөр хоорондоо ярилцах хувийн цаг
зөндөө олдох тул одоо та бүхнийг суудлаа эзлэн
хуралдаандаа орохыг хүсэж байна.

앞으로도 우리들에게는 서로서로 이야기할 수 있는 개인적인
시간이 많을 것이기 때문에 여러분께서는 착석하셔서 회의에 참
석하시기 바랍니다.

10 Хуралдааны цаг боллоо. Та бүхэн суудлаа эзлэнэ үү!

회의시간이 되었습니다. 여러분께서는 착석해 주십시오.

11 Хэрвээ цайгаа ууж амжаагүй хүмүүс байх юм бол жаахан
түргэвчлэхийг хүсэж байна. Бүх хүмүүс суудлаа эзэлсний
дараагаар хуралдаанаа эхлэх бодолтой байна.

만약 식사가 아직 끝나지 않은 분들이 있으시면 조금 서둘러
주시기 바랍니다. 모든 분들이 착석한 이후에 회의를 시작할
생각입니다.

2-2. 분과회의 진행 계획 설명

САЛБАР ХУРАЛДААНЫ ДЭГ ТАНИЛЦУУЛАХ

Дээр бид нар I бүлгийн 10-т нийт хуралдаан ямар дэгээр явагдах тухай авч үзсэн бол энэ удаа салбар хуралдааны дэгийг хэрхэн танилцуулах тухай авч үзэх гэж байна. Салбар хуралдааны дэгд авч хэлэлцэх илтгэлүүд болон илтгэлийг хэлэлцэх цаг, завсарга зэрэг тухайн салбар хуралдаантай холбогдолтой асуудлууд хамрана. Мөн хурлын хөтөлбөрт өөрчлөлт орсон бол мэдэгдэнэ.

위의 1장 10절은 일반적인 회의 진행 절차에 대한 표현을 살펴보았다면 여기서는 분과회의를 어떻게 진행하는지 살펴보고자 한다. 분과회의 진행에 대한 규정에는 발표 시간, 브레이크타임 등 해당 분과회의와 관련한 내용들이 포함된다. 또한 회의의 변경사항이 있을 시 공지한다.

1 Эрхэм хүндэт зочид төлөөлөгчид өө! Хуралдаанаа эхлэхийг зөвшөөрнө үү? Үндсэн хуралдааны үйл ажиллагаа эхлэхийн өмнө хурлын дэгийн талаар танилцуулъя гэж бодож байна.
존경하는 귀빈 여러분! 회의를 시작해도 되겠습니까? 본회의가 시작되기에 앞서 회의의 진행에 관하여 설명을 드리고자 합니다.

2 Манай энэ удаагийн хурлаар нийт 18 илтгэл хэлэлцэхээс үдээс өмнөх хуралдаанаар 4 илтгэл, харин үдээс хойш хоёр салбар хуралдаанд хуваагдаж тус бүр 7 илтгэл хэлэлцэх төлөвлөгөөтэй байна.

금번 회의에는 총 18편의 논문발표가 있을 예정입니다. 그 중 오전회의에서 4편의 논문을 그리고 오후에는 2개의 분과회의로 나누어 각각 7편의 논문발표를 진행할 계획입니다.

3 Нэг илтгэлийг хорь, хорин минутаар тавиад, салбар хуралдааны төгсгөлд нэгдсэн байдлаар хэлэлцүүлэг өрнүүлэх саналтай байна. Илтгэл тавьж байгаа хүмүүс цагаа сайтар барихыг хүсэж байна.

1편의 논문발표는 각각 20분씩 하고, 분과회의가 끝난 후에 종합토론회를 갖기로 하겠습니다. 논문발표자들께서는 시간을 잘 지켜주시기 바랍니다.

4 Илтгэлийг 30 минут сонсоод, илтгэлийн талаарх санал хэлэлцүүлгийг 10 минутад багтаан явуулах саналтай

байна.

논문발표를 30분 동안 듣고 난 후에 논문에 관한 토론회를 10분 이내로 진행할 생각입니다.

5 Илтгэлийн шүүмжийг 10 минутын дотор амжиж тавихыг хүсэж байна. Тогтоосон цагыг сайтар баримтлахыг хүсэж байна.

논문에 관한 비평을 10분 이내로 해주시기 바랍니다. 규정된 시간을 잘 지켜주시기 바랍니다.

6 Эхний 3 илтгэлийг сонсож дууссаны дараагаар 10 минутын завсарлагаа авъя.

앞선 3편의 논문발표가 모두 끝난 후에 10분 동안 휴식시간을 갖기로 하겠습니다.

7 Үдийн цай хүртэлх хугацаанд Монгол Улсаас ирсэн хоёр төлөөлөгчийн "Монгол орны уул уурхайн ашиглалтын өнөөгийн байдал, хэтийн төлөв" сэдэвт илтгэлийг сонсоно.

점심식사 전까지는 몽골국에서 오신 2명의 대표자께서 "몽골국의 광산개발의 현황과 전망"이라는 주제의 논문발표를 해주시겠습니다.

8 Илтгэлийг англи хэлний цагаан толгойн дараалаар Хятад, Солонгос, Япон, Монгол гэсэн байдлаар хэлэлцүүлэх саналтай байна.

영어 알파벳순으로 중국, 한국, 일본, 몽골의 순서로 논문토론회를 갖기로 하겠습니다.

9 Эхлээд орон тус бүрийн эдийн засгийн өнөөгийн тоймыг танилцуулснаар эхэлье. Улс орон бүрээс ирсэн төлөөлөгчид өөрийн орныхоо эдийн засгийн өнөөгийн байдлын талаар 15 минутад багтаан илтгэл тавихыг хүсье.

먼저 각국의 경제현황에 관한 개요를 소개하는 것으로 시작하겠습니다. 각국에서 오신 대표자들께서는 자국의 경제현황에 관하여 15분 이내로 발표해 주시기 바랍니다.

10 БНХАУ-аас ирсэн төлөөлөгч ноён ООО таныг илтгэлээ тавихыг хүсэж байна.

중화인민공화국에서 오신 대표자 OOO께서는 논문발표를 해 주시기 바랍니다.

11 Эхлээд Монгол Солонгосын эдийн засгийн хамтын ажиллагааны талаарх хоёр талын төлөөлөгчдийн ерөнхий илтгэлийг сонссоны дараа асуулт хариулт, хэлэлцүүлэг өрнүүлье гэж бодож байна.

먼저 몽골과 한국간의 경제교류에 관한 양측 대표들의 기조논문 발표를 들은 후에 질의 응답 및 토론을 갖기로 하겠습니다.

12 Та бүхнээс хүлцэл өчих нэгэн зүйл байна. Юу гэвэл, манай өнөөдрийн хуралдаанд илтгэлээ хэлэлцүүлэх байсан д-р., проф. ООО хүндэтгэх шалтгааны улмаас оролцож чадахгүй болсон байна.

여러분께 양해를 구할 일이 하나 있습니다. 그것이 무엇인가 하면 오늘 회의에 논문발표를 하기로 하셨던 ООО 교수님께서 피치 못할 사정으로 참석하실 수 없게 되었습니다.

13 Илтгэл хэлэлцэхийн өмнө зарлалын чанартай нэгэн зүйл байгааг та бүхэнд сонордуулъя.

논문발표 전에 여러분께 알려드릴 말씀이 하나 있습니다.

14 Хурлын танхимын хүрэлцээ муутайгаас салбар хуралдаанаа ийм жижигхэн өрөөнд хийхээр болж байна. Жаахан давчуу жижиг ч гэсэн та бүхнээс хүлцэл өчиж байна.

회의장의 여건이 충분하지 못해서 분과회의를 이렇게 작은 방

에서 하게 되었습니다. 다소 협소하더라도 여러분께 양해를 구

합니다.

2-3. 발표자에 대한 소개

ИЛТГЭЛ ХЭЛЭЛЦҮҮЛЭГЧИЙГ ТАНИЛЦУУЛАХ

Илтгэл хэлэлцүүлэгчийг илтгэлээ тавихын өмнө хурлын дарга түүний талаар товчхон танилцуулах бөгөөд тухайн салбарт оруулсан хувь нэмэр, хэвлүүлж нийтлүүлсэн бүтээлийн тухай зүйлс энд багтана. Илтгэл хэлэлцүүлэгчийг танилцуулахдаа түүний овог нэр, албан тушаалыг алдаа мадаггүй мэдэж байх хэрэгтэй ба хувийн чанартай зүйлс оруулахаас зайлсхийх бөгөөд хэтэрхий давуулан магтах нь зохимжгүй байдаг.

발표자의 발표가 있기에 앞서 좌장은 발표자에 대한 소개와 해당 분야의 기여도, 연구 업적 등을 간략하게 소개한다. 발표자의 소개는 발표자의 성명, 소속 기관 및 직책 등을 있는 그대로 정확히 소개하며 지극히 개인적인 사항은 피하며 또한 과도한 칭찬은 피한다.

1 Манай хурлын Ерөнхий илтгэлийг Хангүг Гадаад Судлалын Их Сургуулийн ректор д-р., проф. ООО гуай тавих гэж байна. Та бүхэн сайн мэдэж байгаачлан энэ эрхэм хүн Монгол Солонгос хоёр орны харилцааг анхлан тавилцаж, хойч үе бидэнд өвлүүлэн өгсөн хүн бөгөөд

ийнхүү өнөөдрийн энэ хурал дээр урьж авчирах болсондоо туйлын баяртай байна.

금번회의의 기조논문은 한국외국어대학교 총장이신 OOO 박사님께서 발표하시겠습니다. 여러분께서도 잘 아시다시피 이 분은 몽골과 한국 양국관계를 맨 처음 수립하시고 후속세대인 우리들에게 물려주신 분으로 이렇게 오늘 이 회의에 초빙하게 되어 대단히 기쁩니다.

2   Дараагийн илтгэл тавих хүнийг танилцуулъя. Одоо илтгэл тавих хүн бол "Стратегийн судалгааны хүрээлэн"-ийн захирал OOO юм. Монгол улсын үндэсний аюулгүй байдлын зөвлөлийн дэргэдэх энэ хүрээлэн нь улирал тутам "Стратеги судлал" сэтгүүлийг эмхэтгэн гаргаж Монгол улсын үндэсний аюулгүй байдлын бодлого, үйл ажиллагаа, улс орны хөгжлийн стратегийн үндэслэлийг боловсруулахад өөрийн хувь нэмрээ оруулж ирсэн юм.

다음의 논문발표자를 소개하겠습니다. 이제 논문을 발표하실 분은 "전략연구소"소장 OOO입니다. 몽골 국가안보회의 산하의 이 연구소는 분기마다 "전술연구"라는 잡지를 발행하여 몽골 국가안보정책과 사업, 국가발전전략의 토대를 입안하는 일에 독특한 기여를 해오고 있습니다.

3 Дараагийн илтгэл болох "Монгол улсын төрөөс гадаадад ажиллах хүч илгээх бодлого" сэдвээр Монгол улсын Засгийн газрын Хэрэгжүүлэгч агентлаг Хөдөлмөр халамжийн үйлчилгээний газрын Хөдөлмөрийн хэлтсийн дарга ООО илтгэл тавина.

다음 논문인 "몽골정부의 노동인력 해외파견 정책"이라는 주제로 몽골국 정부 산하기관인 고용노동복지청 고용노동국 국장이신 ООО께서 논문을 발표하겠습니다.

4 Өнөөдрийн Монгол-Солонгосын бизнес эрхлэгчдийн уулзалтанд Монгол улсын ерөнхийлөгч асан ООО оролцож байгаа билээ. Ноён ООО өнөөдрийн уулзалтан дээр өдрөөс өдөрт даяаршин, бүс нутгийн хамтын ажиллагаа улам бүр нягтран гүнзгийрч байгаа өнөө үеийн байдал, хэтийн төлвийн тухай "Зүүн хойд Ази болон Монгол-Солонгосын хамтын ажиллагаа" сэдвээр илтгэл тавих юм байна.

오늘 몽-한 경영자회의에 ООО 전 몽골국 대통령께서 참석하고 계십니다. ООО 전 대통령께서는 오늘 회의에서 점증하는 세계화와 지역교류협력이 더욱 심화되어 가고 있는 현황 및 전망에 관하여 "동북아시아와 몽-한 교류협력"이라는 주제로 논문을 발표하시겠습니다.

2-4. 발표 개요 설명

ИЛТГЭЛИЙН ТОВЧ АГУУЛГЫГ ТАНИЛЦУУЛАХ

Тухайн илтгэгч илтгэл тавихынхаа өмнө илтгэл нь ямар нэртэй, ямар бүтэцтэй, мөн ямар үр дүнд хүрсэн тухайгаа товчхон байдлаар танилцуулдаг. Ингэснээрээ илтгэлийг сонсож байгаа хүмүүст тухайн илтгэлийн ерөнхий агуулгыг урьдчилсан байдлаар мэдэхэд тус болно.

발표자는 발표에 앞서 발표문의 제목, 목차, 어떤 결론에 도달하게 되었는지에 대해 간략하게 설명한다. 이렇게 함으로써 발표문을 듣는 청중들에게 해당 발표문의 개요를 앞서 이해하는데 도움이 된다.

1 Та бүхэнтэй ийнхүү санал бодлоо хуваалцаж байгаадаа баяртай байна. Надад олгогдсон 30 минутанд өөрийнхөө бэлдэж ирсэн "ООО" гэсэн илтгэлийг тавъя. Өөрийнхөө энэхүү илтгэлээр дамжуулан сүүлийн 5 жил хийсэн судалгааныхаа үр дүнгийн талаар та бүхэнд танилцуулъя гэсэн юм.

여러분들과 이렇게 의견을 나누게 되어 기쁩니다. 저에게 주어진 30분 동안 제가 준비해온 "ООО"라는 논문을 발표하겠습니

다. 제 자신의 이 논문을 통하여 최근 5년 동안 해온 연구성과
에 관하여 여러분께 소개 드리고자 합니다.

2 Өнөөдрийн энэхүү хуралдаанаар миний бие та бүхэнд
ЗХА-ийн бүс нутгийн хамтын ажиллагаа, тэр дундаа
Монгол-Солонгос хоёр орны улс төр, эдийн засгийн
хамтын ажиллагааны өнөөгийн байдал болон хэтийн
төлвийн тухай асуудлаар илтгэл тавихаар бэлтгэлээ. Урьд
өмнө нь энэ асуудлаар олон тооны эрдэм шинжилгээний
өгүүлэл нийтлэгдэж байсан хэдий ч миний тавих илтгэл
голчлон дэлхий нийтийг хамарсан санхүүгийн хямралын
дараах нөхцөл байдалд тулгуурласнаараа онцлог юм.

오늘 이 회의에서 저는 동북아시아 지역교류협력, 특히 몽·한
양국의 정치·경제 교류협력의 현황과 전망에 관한 문제로 논문
발표를 준비하였습니다. 이전에도 이 문제에 관하여 수 많은
학술 논문이 간행되었지만 제가 발표할 논문은 주로 전 세계에
확산된 금융위기 이후의 상황을 토대로 하였다는 점이 특징입
니다.

3 Монгол-Солонгосын ажил хэрэгч хүмүүсийн уулзалтанд
оролцож, илтгэл тавих болсондоо баяртай байна. Миний

бие та бүхэнд өөрийнхөө компаний тухай товч танилцуулахын зэрэгцээ хөрөнгө оруулах бололцоо, нөхцөлийн талаар голчлон ярихыг хүсэж байна.

몽·한 경제인 회의에 참석하여 논문을 발표하게 되어 기쁩니다. 저는 여러분들에게 제 자신의 회사에 관하여 간략하게 소개하는 것과 동시에 투자가능성과 조건에 관하여 주로 이야기하고 싶습니다.

4 Монгол-Солонгосын Парламентын бүлгэмийн энэ удаагийн уулзалтаар хоёр орны хооронд дипломат харилцаа тогтоосны 20 жилийн ойн үеэр зохиогдох арга хэмжээний тухай авч хэлэлцэж байгаа билээ. Тиймээс бид бүхэн юуны өмнө өөрийн талаас зохион байгуулахаар төлөвлөөд байгаад арга хэмжээний талаар танилцуулахыг хүсэж байна.

몽·한 의원친선연맹의 금번 회의에서는 양국 수교 20주년을 맞이하여 개최될 행사에 관하여 논의되고 있습니다. 따라서 우리들은 무엇보다도 먼저 자신들이 주최하고자 계획하고 있는 행사에 관하여 소개해 주시기를 바랍니다.

5 Бид бүхэн энэхүү илтгэлээрээ монгол, солонгос хэлний өгүүлбэрийн гишүүдийн байрлалыг харьцуулан авч үзэх

юм. Хоёр хэлний үзэгдлийн ийнхүү харьцуулан авч үзсэнээр гадаад хэлний сургалт болон хоёр хэлний угсаа гарвалын асуудалд тодорхой хэмжээний хариулт өгөх зорилго агуулж байгаа болно.

우리는 이 논문에서 몽골어와 한국어의 문장성분들의 순서를 대조하고자 합니다. 양 언어의 현상에 대한 이러한 대조를 통하여 외국어교육과 양 언어의 기원문제에 일정한 해답을 제시할 수 있는 목적이 담겨있습니다.

6 Миний одоо тавих илтгэлээс бид бүхэн дараах дүгнэлтэнд хүрч байгаа юм. Юу гэвэл, ...

제가 지금 발표하려는 논문에서 우리는 다음과 같은 결론에 이르게 됩니다. 무엇인가 하면,

7 Утга зохиол гэдэг бол тухайн нийгмийнхээ толь нь болж байдаг билээ. Тиймээс ч бид бүхэн энэхүү илтгэлдээ хоёр орны тодорхой цаг үейин зохиолуудаас нэгийг сонгон авч, түүнд гарч байгаа дүр дүрслэл, агуулга, үзэл санааг зохиолч хэрхэн дүрсэлсэн болохыг харьцуулан авч үзэхийг зорьсон юм.

문학이란 특정 사회의 거울이 되곤 합니다. 그리하여 우리는 이 논문에서 양국의 특정 시기의 작품들 가운데에서 하나를 선

택해서 거기에 나타나는 표현, 내용, 사상을 작가가 어떻게 묘사하고 있는지를 비교 검토하고자 합니다.

8 Өнөөдрийн энэхүү олон улсын эрдэм шинжилгээний хуралд хилийн чанад дахь Монгол судлалын сор төлөөлөл болсон эрдэмтэн мэргэд оролцож Монгол судлалын өнөөгийн ололт амжилт, цаашдын чиг хандлагыг хэлэлцэж байгаад туйлын баяртай байна. Энэ хүндтэй арга хэмжээнд оролцож илтгэл тавих завшаан олгосонд талархалаа илэрхийлье. Ингээд өөрийн бэлдсэн "БНСУ дахь Монгол судлалын түүхэн замнал, цаашдын судалгааны чиглэл" гэсэн сэдэвтэй илтгэлээ та бүхэнд толилуулья. Миний бэлдсэн энэхүү илтгэл өнөөдрийн хуралдааны агуулгад нийцнэ байх гэж найдаж байна.

오늘의 이 국제학술대회에 해외 몽골학 석학들이 참가하여 몽골학의 현재의 성과와 향후의 방향에 관하여 논의하게 되어 매우 기쁩니다. 이렇게 귀중한 행사에 참여하여 논문을 발표할 기회를 주신데 대하여 감사를 표합니다. 이제 제가 준비한 "한국에서의 몽골학 연구의 역정과 향후의 연구방향"이라는 주제의 논문을 여러분께 발표하겠습니다. 제가 준비한 이 논문은 오늘의 회의 내용에 잘 맞을 것으로 확신합니다.

2-5. 발표 마무리하기

ИЛТГЭЛЭЭ ТӨГСГӨХ

Илтгэл тавигч илтгэлээ төгсгөхдөө анхаарал тавин сонссонд талархал илэрхийлнэ. Мөн илтгэл сонсож байгаа хүмүүст хандан онцлон тэмдэглэж хэлэх үг байвал товчхон хэлнэ.

발표자는 발표를 마무리하면서 참석자들에게 관심있게 경청한 데 대한 사의를 표한다. 또한 청중에게 특별히 언급할 사항이 있으면 간략하게 소개한다.

1 За ингээд, илтгэлээ өндөрлөө! Анхаарал тавьсанд баярлалаа.

자, 이렇게 해서 논문발표를 마치도록 하겠습니다. 경청해주셔서 감사합니다.

2 Миний илтгэл үүгээр өндөрлөж байна. Эцэст нь дүгнэн хэлэхэд....

제 발표는 이것으로 마치겠습니다. 마지막으로 요약하자면...

3 Бид бүхний тавьж байгаа дээрх санал, дүгнэлт өнөөдрийн

манай хурлын зорилгод бага ч атугай тус нэмэр болно гэдэгт итгэж байна. Анхаарал тавин сонссон та бүхэнд баярлалаа!

우리들이 제시하고 있는 상기의 견해와 결론은 오늘 우리 회의의 목적에 다소간의 기여를 할 것으로 확신합니다. 경청하여주신 여러분께 감사드립니다.

4 Цаг нилээд өнгөрчихсөн байна. Илтгэлээ үүгээр өндөрлөж байна. Баярлалаа!

시간이 상당히 경과되었습니다. 제 발표를 이것으로 이것으로 마치고자 합니다. 감사합니다.

5 Монгол-Солонгос хоёр орны найрсаг харилцаа, хамтын ажиллагаа улам батжин бэхжихийн өлзийтэй ерөөлийг дэвшүүлээд илтгэлээ өндөрлөө!

몽·한 양국의 친선 및 교류협력이 더욱 강화되기를 기원하며 논문발표를 마치겠습니다.

6 Өөрийн бэлдэж ирсэн илтгэлээ та бүхэнд толилууллаа. Та бүхэнд сайн сайхан бүхнийг хүсэн ерөөе! Баярлалаа!

준비해온 논문을 여러분들께 발표하였습니다. 여러분께 행운을 기원합니다. 감사합니다.

7   Дээр дурдсан асуудлуудыг амжилттай хэрэгжүүлэхийн тулд бид бүхний уялдаа холбоо бүхий хамтын ажиллагаа юу юунаас чухал болохыг онцлон тэмдэглээд энэхүү илтгэлээ өндөрлөж байна.
    앞에서 언급한 문제들을 성공적으로 완수하기 위해서 우리들은 유기적인 협력이 무엇보다도 중요하다는 것을 강조하면서 이 발표를 마치고자 합니다.

8   Эцэст нь дүгнэн хэлэхэд, зах зээлийн харилцаанд төрийн оролцоог дээд зэргээр багасгахад дараах хүчин зүйлсийг бий болгох шаардлагатайг онцлон тэмдэглэмээр байна. Нэгдүгээрт, ..., хоёдугаарт, ...
    결론적으로 말하자면, 시장관계에 국가의 관여를 최대한도로 축소함에 있어서 다음과 같은 요인들을 고안할 필요가 있다는 것을 강조하고 싶습니다. 첫째, ... 둘째, ...

9   Энэ удаа бид бүхэн монгол орны ашигт малтмалын тархалт, байршил; монгол улсын эдийн засагт уул уурхайн эзэлж буй байр суурь, хэтийн төлөв; энэ салбар дахь гадаадын хөрөнгө оруулалтын бүтэц, өсөлт, хэтийн төлөв;

татварын тогтолцооны өнөөгийн байдал зэрэг олон асуудлыг авч үзлээ. Цаашид ч эдгээр асуудлуудын талаарх илүү нарийвчилсан судалгаа хийгдэх болно. Энэ удаагийн илтгэлээ үүгээр өндөрлөж байна. Баярлалаа!

이번에 우리들은 몽골국의 유용광물의 분포와 위치; 몽골국의 경제에 광산업이 차지하고 있는 지위; 전망; 이 부문에서의 외국 투자구조, 성장, 전망; 조세체계의 현황 등과 같은 많은 문제들을 살펴보았습니다. 앞으로도 이들 문제들에 관하여 더욱 자세한 연구가 진행 될 것입니다. 이번의 논문발표는 이것으로 마치겠습니다. 감사합니다.

10 Эцэст нь, Солонгосын техник технологи, шууд хөрөнгө оруулалт, банк, санхүү, даатгалын бизнесийн туршлага, менежмент хэрэгцээтэй болохыг дурдан тэмдэглэхийг хүсэж байна. Хоёр орны бизнес эрхлэгчид Та бүгдийн ажил хэрэгч яриа хэлцэл, харилцан ашигтай хамтын а жиллагаа нь хоёр орны худалдаа, эдийн засгийн түнш лэлийн харилцааг улам бүр бэхжүүлнэ гэдэгт итгэлтэй байна. Хоёр орны Бизнес эрхлэгчдийн уулзалтад амжи лт хүсье. Анхаарал тавьсанд баярлалаа.

마지막으로, 한국의 기술과 직접투자, 또한 은행, 금융 및 보험업의 경험과 경영기법을 필요로 하고 있다는 것을 재삼 강조하고 싶습니다. 양국 경제인 여러분들의 상담과 호혜협력은 우리 두 나라의 교역과 경제적 동반자관계를 더욱 강화할 것으로 확신합니다. 한·몽 경제인 간담회의 성공을 기원합니다. 양국 상공인 회담에 성공을 기원합니다. 경청해주셔서 감사합니다.

2-6. 발표에 대한 감사 표명

ИЛТГЭЛ ТАВЬЖ ХЭЛЭЛЦҮҮЛСЭНД ТАЛАРХАЛ ИЛЭРХИЙЛЭХ

Илтгэл хэлэлцүүлэгчийг илтгэлээ тавьж дууссаны дараагаар хурлын даргын зүгээс талархал илэрхийлнэ. Энэ үед гол төлөв, илтгэл тавьж хэлэлцүүлсэн илтгэгчид болон анхааран сонссон хуралд оролцогч нарт хандан талархал илэрхийлнэ.

발표자의 발표가 마친 후 좌장은 사의 표현을 한다. 이때는 주로 발표자 및 관심있게 경청한 참석자 모두에게 사의를 표명한다.

1   Сонирхолтой илтгэл тавьсан танд баярлалаа!
    흥미로운 발표를 해주신 선생님께 감사드립니다.

2   Яг цагтаа багтааж сайхан илтгэл тавьсан танд баярлалаа!
    정확히 시간 내에 훌륭한 발표를 해주신 선생님께 감사드립니
    다.

3   Эрхэм д-р., проф. ООО-ийн тавьсан илтгэл манай хурлыг
    улам сонирхолтой, ач холбогдолтой болгож байна. Танд
    баярлалаа! Мөн анхааран сонссон нийт хуралд оролцогч

төлөөлөгчиддөө талархал илэрхийлье.

존경하는 OOO박사님께서 해주신 발표는 이번 회의를 더욱 흥미롭고 의미심장한 것으로 만들고 있습니다. 감사합니다. 또한 경청해주신 모든 회의 참석자 여러분께도 감사를 표합니다.

4 Өнөөдрийн хуралд ийнхүү бид бүхний урилгыг хүлээн авч, мөн сонирхолтой илтгэл тавьж өгсөн д-р., проф. OOO танд баярлалаа. Саяны тавьсан илтгэл ч манай хурлын агуулга, зорилгыг тодорхойлоход үнэтэй хувь нэмэр оруулахуйц ач холбогдол бүхий илтгэл болсоныг нь онцлон тэмдэглэмээр байна. Танд дахин талархаснаа илэрхийлье. Баярлалаа!

오늘 회의에 이렇게 우리들의 초청을 수락하시고 또한 흥미로운 발표를 해부신 OOO 박사님께 감사드립니다. 좀 전에 하신 발표도 우리 회의의 내용과 목적을 규명하는데 귀중한 기여를 할만큼 의의있는 발표가 되었다는 것을 강조하고 싶습니다. 선생님께 다시 한 번 더 감사를 표하는 바입니다. 감사합니다.

5 Энэхүү салбар хуралдаанаар бидний өмнөө тавьж байгаа зорилгыг амжилттай шийдвэрлэхэд д-р., проф. OOO таны илтгэл онол-аргазүйн үүднээс ихээхэн тус нэмэр болох илтгэл болжээ гэдгийг онцлон тэмдэглэхийг хүсэж байна. Хуралд оролцож байгаа нийт зочид төлөөлөгчдийнхөө өмнөөс танд талархал илэрхийлье.

이번 분과회의를 통하여 우리들의 앞에 놓인 목적을 성공적으로 달성하는데 OOO 박사님의 발표는 이론-방법론적 관점에서 커다란 기여를 하게 될 발표였다는 것을 강조하고 싶습니다. 회의에 참석하신 모든 귀빈들을 대신해서 선생님께 감사를 표합니다.

6   Илтгэлээ хэлэлцүүлсэн OOO танд баярлалаа! Мөн манай хурлын ажиллагаанд идэвхтэй оролцож, анхаарал тавин сонсож байгаа зочид төлөөлөгч нартаа ч баярласнаа илэрхийлмээр байна. Ингээд илтгэлтэй холбогдолтой асуулт байвал асуухыг хүсье!

발표에 대한 토론을 해 주신 OOO 선생님께 감사드립니다. 또한 우리 회의에 적극적으로 참여하고 경청해주시고 있는 귀빈 여러분께도 감사를 표하고 싶습니다. 이제 발표와 관련된 질문이 있으시면 질의해주시기 바랍니다.

7   Сая та бидний сонссон илтгэл бол үнэхээр цаг үеэ олж асуудал дэвшүүлсэн илтгэл байлаа. Байгаль орчны

тусгамдсан асуудал, тэр дундаа цөлжилттэй тэмцэх, шар шорооны нүүдлийг саармагжуулахад авч хэрэгжүүлвэл зохистой арга хэмжээний тухай нэгийг бодогдуулсан илтгэл болжээ. Манай хуралдаанаас ийм л асуудлыг хөндөхийг, ийм л арга замаар хандахыг хүсэж байсан, хүлээж байсан хүмүүс олон байгаа билээ. Нийт хуралд оролцогчдийнхоо өмнөөс танд талархал илэрхийлье!

방금 우리가 들었던 발표는 정말로 시의적절하게 문제를 제기한 발표였습니다. 환경문제, 그 중에서도 사막화방지와 황사현상의 감축에 있어서 반드시 시행해야만 할 조처에 관하여 모색해보는 계기가 되는 발표였습니다. 우리 회의에서 바로 이러한 문제를 다루고, 이러한 방법으로 처리하기를 바라고 기다렸던 사람들이 많이 있습니다. 모든 회의 참석자들을 대신해서 선생님께 감사를 표합니다.

2-7. 발표 후 박수 유도

ИЛТГЭЛ ХЭЛЭЛЦҮҮЛЭГЧИД АЛГА ТАШИЛТ ХҮСЭХ

Хурлын дарга илтгэл хэлэлцүүлэгчийг танилцуулах болон илтгэлээ уншиж дууссаных нь дараагаар талархаж алга ташихыг хүсдэг.

좌장은 발표자를 소개하거나 발표를 마친 후 박수를 희망하는 멘트를 한다.

1 ООО танд баярлалаа! Та бүхнийг алга ташиж баяр хүргэхийг хүсье!

ООО 선생님께 감사드립니다. 여러분 박수로 축하해 주시기 바랍니다.

2 Проф. ООО таныг сонирхолтой илтгэл тавьсанд талархал илэрхийлье! Эрхэм хүндэт зочид төлөөлөгч та бүхнийг ч проф. ООО баяр хүргэж алга ташихыг хүсье!

ООО 교수님! 흥미로운 발표를 해주셔서 감사를 표합니다. 존경하는 귀빈 여러분! ООО 교수님께 축하의 박수를 부탁드립니다.

3 Нижигнэсэн алга ташилтаар ООО багшдаа баяр хүргэхийг хүсэж байна! Баярлалаа.

우레와 같은 박수로 ООО 선생님께 축하해 주시기 바랍니다.

4 Халуун алга ташигтаар угтан авахыг хүсье!

뜨거운 박수로 맞아 주시기를 바랍니다.

5 Халуун алга ташилтаар үдэхийг хүсэж байна.

뜨거운 박수로 배웅해 주시기를 바랍니다.

III 토론 및 질의 응답
ШҮҮМЖ ХЭЛЭЛЦҮҮЛЭГ, АСУУЛТ ХАРИУЛТ

3-1. 토론 시작하기

ШҮҮМЖ ХЭЛЭЛЦҮҮЛГИЙГ ЭХЛҮҮЛЭХ

Олон улсын хуралдаан дээр тавигдаж байгаа илтгэлүүдийн талаарх шүүмж хэлэлцүүлэг, тухайн илтгэлтэй холбогдсон асуулт хариулт өрнүүлэх нь тухайн хурлын зорилго, ач холбогдлыг тодорхойлох хамгийн чухал хэсэг гэж хэлж болно.

Тиймээс ч тавигдаж буй илтгэлд шүүмж тавигч нарыг сонгохдоо тухайн салбартаа хамгийн мэдлэг чадвартай хүмүүсийг сонгодог байна. Тэр ч утгаараа шүүмжлэгч нарын тухайн илтгэлд хандах үүрэг хариуцлага өндөр байж, мөн тухайн хурал амжилттай болж өндөрлөхөд ихээхэн хувь нэмэр оруулдаг гэж ойлгож болно.

Олон улсын хуралдааны практикаас харахад шүүмж хэлэлцүүлгийг үндсэн хоёр хэлбэрээр явуулдаг байна. Эхнийх нь, тухай тухайн илтгэлийг тавьсаны дараа шууд шүүмж хэлэлцүүлэгтээ орж, асуулт хариулт өрнүүлэх нэг хэлбэр байдаг бол салбар хуралдааны бүх илтгэлийг тавьж дууссаны дараагаар хамгийн сүүлд нь нэгдсэн байдлаар шүүмж хэлэлцүүлэг өрнүүлэх хэлбэр байж болно.

Бид энэхүү сурах бичигтээ нэгдсэн шүүмж хэлэлцүүлгийг хэрхэн өрнүүлэх, энэ тохиолдолд ямар ямар үг хэллэг гарч болох тухай голлон авч үзэхийг зорилоо. Нэгдсэн шүүмж хэлэлцүүлэг явагдах тохиолдолд тухайн хэсгийг удирдан явуулах хурлын даргыг томилдог. Хурлыг даргалагч шүүмж хэлэлцүүлгийг нээхдээ хурлыг зохион байгуулагч талд талархал илэрхийлэн, хуралдаан явагдах дэг, тухайн хуралдааны зорилго, агуулга зэргийг товчхон танилцуулна. Мөн хуралд оролцогч зочид төлөөлөгчдөд хандан шүүмж хэлэлцүүлэгт идэвхтэй оролцохыг уриалсан үг хэлж болно.

국제 회의에서 발표되는 발표문들에 대해 토론 및 관련 질의 응답을 진행하는 것은 해당 회의의 목적과 의미를 두드러지게 하는 주요한 부분의 하나이다. 따라서 토론자들을 선정하는데 있어서 해당 분야의 가장 역량 있는 사람을 선정한다. 그러한 점에서 토론자들은 해당 발표문을 대하는 책임감이 높게 부여된다. 또한 해당 회의가 성공적으로 마치는데 있어 큰 기여를 한다.

국제회의에서는 토론을 두 가지 방식으로 진행한다. 첫번째는 각 발표를 마친 후 곧바로 토론을 진행하고, 질의 응답을 진행한다. 또 다른 방식은 모든 발표를 마친 후 종합토론 방식으로 진행한다. 본 교재에서는 종합토론 방식을 어떻게 진행하는지 어떤 표현들을 사용하는지를 주로 살펴볼 것이다. 종합토론 진행하는 경우 좌장을 먼저 선임한다. 좌장은 토론을 시작하면서 주최측에 사의 표현을 하고, 회의 규정 및 목적 등을 간략하게 소개한다. 또한 회의 참석자들에게 적극적으로 참여해 줄 것을 요청한다.

1 Өнөөдрийн хэлэлцүүлгийг удирдан явуулах сэтгүүлч ООО гуайг урьж байна. Энэ хүнийг бид байнга телевизээрээр харж, сонингоос уншиж байдаг тул тусгайлан танилцуулах шаардлагагүй байх гэж бодож байна. Ийм нэр хүндтэй сэтгүүлч манай өнөөдрийн хуралдааныг даргалан явуулах болсонд үнэхээр баяртай байна. За ингээд одоо сэтгүүлч ООО гуай маань хэлэлцүүлгийн шүүмжлэгч нарыг танилцуулах болно.

오늘의 토론 진행해주실 OOO를 모시겠습니다. 이 분을 우리는 TV에서 자주 만나고, 대중매체에서 자주 접하는 분이기 때문에 따로 소개를 안 드려도 될 것 같습니다. 이렇게 사회적으로 명망 있는 분이 우리 회의의 토론을 맡아 주심에 깊이 감사드립니다. 자, 이어서 좌장이토론자분들을 소개해 주시겠습니다.

2 Энэхүү хуралдааны шүүмж хэлэлцүүлгийг даргалан явуулах д-р., проф. ООО-ыг танилцуулж байгаадаа баяртай байна. Халуун алга ташилтаар хүлээн авахыг хүсэж байна.

본 회의에 토론을 맡으신 OOO 교수님을 소개드리겠습니다. 뜨거운 박수로 환영해 주시기를 바랍니다.

3 Эрхэм хүндэт зочид төлөөлөгчид та бүхний энэ өдрийн амгаланг айлтгая!

Хуралдааны хамгийн хариуцлагтай хэсгийн нэг болох шүүмж хэлэлцүүлгийг удирдан явуулах болсондоо баяртай байна. Мөн нөгөө талаар миний өчүүхэн мэдлэг чадвар энэ хүндтэй үүргийг бүрэн дүүрэн биелүүлж чадах болов уу хэмээн эмээж байна. Гэсэн хэдий ч өнөөдөр хүрэлцэн ирсэн шүүмжлэгч нар маань энэ салбарын тэргүүлэх эрдэмтэн багш нар байгаа тул эдгээр багш нарынхаа хүчинд даалгасан ажил үүргийг амжилттай гүйцэтгэж чадна гэдэгтээ итгэлтэй байна.

존경하는 참석자 여러분! 오늘의 문안 인사를 드립니다. 회의의 가장 중요한 파트의 하나인 좌장을 맡게 되어 매우 기쁘게 생각합니다 한편으로 부족한 제가 좌장직을 잘 수행할 수 있을지 염려스럽습니다. 하지만 오늘 참석하신 토론자분들이 이 분야의 가장 뛰어난 석학들이시기 때문에 이분들의 성원에 힘입어 잘 진행할 수 있으리라 믿어 의심치 않습니다

4 Та бүхний амгаланг айлтгая! Өнөөдрийн хуралдааны шүүмж хэлэлцүүлгийг даргалан явуулах ООО байна. Надад итгэн энэ хүндтэй үүргийг даалгаж байгаа хурлын зохион байгуулах зөвлөлд талархалаа илэрхийлье.

안녕하세요? 오늘 회의의 토론을 맡게 된 OOO입니다. 제게 이렇게 과분한 책무를 지워주신 주최측 회장단에 감사를 표합니다

5 За одоо ингээд шүүмж·хэлэлцүүлгийнхээ ажилд оръё.

자! 이제 토론을 시작하도록 하겠습니다.

6 Хуралдаанд оролцож байгаа талуудын дэвшүүлж байгаа саналуудыг анхааралтай сонслоо.Тэгэхлээр одоо эдгээр саналын талаарх хэлэлцүүлэгтээ оръё.

회의 참석자 여러분들의 제안들을 잘 들었습니다. 자! 이들 제안들에 대해 토론을 시작하겠습니다.

7 Өнөөдрийн хуралдаанаар үнэхээр ач холбогдолтой, олон сайхан илтгэлүүд тавигдлаа. Тэр ч утгаараа, одоо явагдах шүүмж хэлэлцүүлэг илүү халуун, илүү хурц байж, манай хуралдааны өмнөө тавьсан зорилтыг амжилттай хэрэгжүүлэхэд чухал нөлөө үзүүлнэ гэдэгт итгэлтэй байна.

오늘 회의는 참으로 뜻 깊고 훌륭한 글들이 발표되었습니다. 그러한 점에서 지금부터 진행될 토론이 보다 뜨겁고 예리하게

진행되고, 우리 회의의 목적을 달성하는데 중요한 역할을 할 것입니다.

8 Өнөөдрийн хуралдааныг зохион байгуулж байгаа хорооны зүгээс энэхүү хэлэлцүүлгийн үеэр авч хэлэлцэх хэд хэдэн үндсэн асуудлуудыг бэлдсэн байна. Эдгээр асуудлуудын тухай та бүхэнд тарааж өгсөн материал дээр тодорхой бичсэн байгаа. Иймээс та бүхэн тараах материал дээр тусгагдсан хэлэлцэх асуудлуудтай танилцсаны дараа өөрсдийн санал бодлоо илэрхийлэхийг хүсэж байна.

오늘 회의를 주관하는 위원회측에서 본 토론을 진행하는 데 있어 필요한 몇 가지 안내 사항을 마련하였습니다. 이들 안내 사항에 대해서는 여러분들에게 나눠드린 유인물에 상세하게 기재되어 있습니다. 따라서 해당 내용을 살펴보시고 의견을 주시기 바랍니다.

9 Шүүмж хэлэлцүүлэгтээ орохын өмнө өнөөдрийн хуралдааны зорилго, ач холбогдлын талаар дахин нэг тодруулахыг хүсэж байна. Та бүхэн сайн мэдэж байгаачлан, манай энэ удаагийн хуралдааны гол зорилго бол хоёр орны Статистикийн байгууллагууд ямар асуудал дээр хамтран ажиллах, түүнээс гарах үр дүнгийн талаар

хэлэлцэх явдал юм.

토론을 시작하기에 앞서 오늘 회의의 목적과 의의에 대해서 다시 한번 말씀드리도록 하겠습니다. 여러분들도 잘 아시다시피, 이번 회의의 주 목적은 우리 양국 통계청 간의 협력과 성과에 대해 논의하는 것입니다.

10 Магадгүй өглөөний болон өмнөх салбар хуралдаанд оролцож амжаагүй, мөн хурлын тараах материал авч амжаагүй хүмүүс байгаа юм шиг байна. Тиймд шүүмж хэлэлцүүлгээ эхлэхийн өмнө өнөөдрийн хуралдааны товч тоймыг танилцуулах нь зөв болов уу гэж бодож байна.

이자리에는 오늘 오전 회의나 이전 세션에 참석하지 못하신 관계로 발표문을 받지 못하신 분들이 계시리라 생각됩니다. 따라서 토론에 앞서 오늘 회의의 내용을 간략하게 정리하여 소개해 드릴까 합니다.

3-2. 토론자 소개

ШҮҮМЖЛЭГЧ НАРЫГ ТАНИЛЦУУЛАХ

Шүүмж·хэлэлцүүлгийг хөтлөн явуулж буй даргалагчийн зүгээс тухайн шүүмжлэгч нарыг товчхон танилцуулна. Шүүмлэгч нарыг танилцуулахдаа хуралдаан эхлэхийн өмнө бүгдийг нь хамт танилцуулах юм уу, аль эсвэл тус тусад нь танилцуулж болно. Шүүмлэгч нарыг танилцуулахдаа аль болох товчхон, тухайлбал шүүмжлэгчийн овог нэр, албан тушаал, тавих шүүмжийн нэр зэргийг дурдах зэргээр танилцуулах нь зохимжтой.

토론을 진행하는 좌장이 토론자에 대해 간략하게 소개한다. 토론자를 소개할 때 모든 토론자를 일괄적으로 소개하거나 분과 토의 때마다 소개할 수 있다. 소개는 가급적 간략해야 하며 성명과 직위, 토론 내용을 언급하는 방식으로 진행한다.

1 За ингээд, хурлынхаа хэлэлцүүлэгт орохын зэрэгцээ, өнөөдөр манай шүүмжлэгчээр оролцож байгаа хүмүүсээ танилцуулъя! Энэ өмнө гарч ирсэн шүүмжлэгч нар бол өнөөдрийн хуралдаанаар хэлэлцсэн илтгэлүүдийн талаар шүүмж тавьж, санал бодлоо хэлэхээр уригдан ирсэн хүмүүс юм.

자! 지금부터 토론자들을 소개해 드리겠습니다. 앞에 나와 계신 토론자분들은 오늘 발표된 내용들에 대해 토론 및 의견을 주신 분들입니다.

2   Манай хурал зохион байгуулагч нар "Сүүлийн тэмээний ачаа хүнд" гэдэгчлэн хурлын хамгийн сүүлийн хэсэг болох шүүмж, хэлэлцүүлэгтээ нилээд чанга хүмүүсийг шигшин цуглуулжээ. Ингээд эдгээр эрхэм хүмүүсийн санал бодол, шүүмжийг хэлэлцэж эхэлье.

오늘 회의 주최 측에서는 "맨 끝 낙타의 짐이 무겁다"라는 몽골 속담처럼 회의의 가장 중요한 부분인 토론 파트의 가장 훌륭하신 전문가 분들을 초청하셨습니다. 이제부터 이분들의 토론 및 의견을 들어보도록 하겠습니다.

3   Манай эхний шүүмжийг д-р., проф. ООО тавих болно. Та бүхэн сайн мэдэж байгаачлан профессор ООО нь МУ-ын ШУА-ийн Газарзүйн Хүрээлэнгийн Цэвдэг судлалын лабраторийн эрхлэгчээр ажиллаж байгаа билээ. Тэрээр Монгол орны газарзүйн шинжлэх ухаан, нийгэм-эдийн засгийн газарзүй, хөрс судлал, цэвдэг судлал зэрэг энэ салбарын бүхий л чиглэлээр олон жил судалгааны ажил хийж ирсэн бөгөөд бид бүхний өнөөдрийн хэлэлцэж

байгаа асуудлын талаар хэнээс ч илүү мэдэх хүний нэг юм. 첫번째 토론은 OOO 교수님께서 발언해 주시겠습니다. 여러분 들도 잘 아시다시피 OOO 교수님은 몽골과학아카데미 지질학 연구원의 동토학 연구소 소장으로 재직 중이십니다. 이 분은 몽골국 지리과학, 사회경제지리학 토질학, 동토학 등 모든 분야 에서 수년 간 연구해 오셨으며 오늘 본 회의에서 다루어지고 있는 주제에 대해서 그 누구보다도 이해가 깊으신 분입니다.

4 Дараагийн шүүмжлэгчээр уригдан оролцож байгаа хүн бол зохиолч, сэтгүүлч OOO гуай юм. Зохиолч OOO-ийн туурвисан "Их шуурганаар сийлэгдсэн түүх" ном нь Солонгост оны шилдэг ном өргөмжлөл хүртэж байсаныг та бүхэн мэдэж байгаа билээ. Тэр ч утгаараа зохиолч, сэтгүүлч OOO нь хоёр орны утга зохиол, шүүмж нийтлэлийн салбарын хамтын ажиллагаанд гол төлөөлөл болсон хүн гэж хэлж болох юм.

다음 토론자 분은 작가이자 기자로 활동하고 계시는 OOO입니 다. 작가 OOO의 작품인 "유목민 이야기, 바람에 새겨진 역사" 는 한국에서 베스트셀러였다는 것을 여러분들도 잘 아실 것입 니다. 그런 점에서도 OOO 기자님은 양국 문학 및 평론 분야 에서의 대표적인 분이라고 말씀드릴 수 있겠습니다.

5 Энд хүрэлцэн ирсэн хүмүүсийн нэг нь проф. ООО юм. Проф. ООО нь Солонгосын Олон Улсын Эдийн засгийн Судалгааны хүрээлэнгийн эрдэм шинжилгээний ажилтанаар ажиллаж байгаа юм. Түүний судалгааны чиглэл нь бүс нутгийн эдийн засгийн харилцаа, хамтын ажиллагаа, тэр дундаа Монгол-Солонгосын эдийн засаг, бизнесийн орчны тухай гол лон судалсан байдаг. Проф. ООО нь олон тооны зохиол бүтээл туурьвин гаргасан байна. Ийм хүндтэй эрхэмийг шүүмжлэгчээр урин оролцуулж байгаад туйлын баяртай байна.

이 회의에 참석해주신 또 다른 한 분은 ООО 교수님입니다. ООО 교수님은 한국의 대외경제정책연구원에 재직중이십니다. 주요 연구 분야는 지역 경제교류 협력이며 그 가운데 몽한 경제 비즈니스환경에 대해 연구하고 있습니다. ООО 교수님은 수많은 저서를 저술하시고 출판하였습니다. 이러한 훌륭한 토론자를 모시게 되어 매우 영광스럽게 생각합니다.

6 Хүрэлцэн ирсэн шүүмжлэгч нараа товчхон танилцууллаа. Ингээд шүүмж хэлэлцүүлэгтээ оръё. Проф. ООО-д микрофоноо шилжүүлж байна.

토론자 분들을 간략하게 소개해드렸습니다. 이제 토론을 시작하겠습니다. OOO 교수님께 마이크를 넘기겠습니다.

7 Өнөөдрийн шүүмж, хэлэлцүүлэгт гурван эрдэмтэн оролцож байна. МУ-ын ШУА-ийн ХЗХ-ийн эрдэмтэн нарийн бичгийн дарга OOO, МУИС-ийн багш д-р., проф. OOO, БНСУ-ын Хангүг Гадаад Судлалын Их сургуулийн Монгол хэлний тэнхимийн багш д-р., проф. OOO нар хүрэлцэн ирсэн байна. Та бүхэн энэ гурван багшийг надаас илүү сайн мэдэх тул тусгайлан танилцуулах нь илүүц биз ээ. Ялангуяа, Солонгос улсаас хүрэлцэн ирсэн проф. OOO өнгөрсөн удаагийн хурлыг Сөүл хотноо зохион байгуулахад ихээхэн үүрэг гүйцэтгэсэн хүний нэг юм.

오늘 토론에는 세 분의 학자가 참석하셨습니다. 몽골과학아카데미 어문연구소의 총무이사이신 OOO, 몽골국립대학교 교수 OOO, 한국외국어대의 몽골어과의 OOO 교수님이 자리를 해주셨습니다. 이 분들을 여러분들께서 저보다 더 잘 아시기 때문에 별도로 소개를 드리지 않아도 될 것 같습니다. 특히 한국에서 오신 OOO 교수님은 지난 번 서울에서 개최된 회의를 기획하는데 많은 역할을 해주셨습니다.

8 За ингээд манай хуралдааны сүүлийн хэсэг болох шүүмж

хэлэлцүүлэг эхэлж байна. Хоёр өдрийн турш нийт таван салбарт хуваагдан хуралдсан манай энэ удаагийн олон улсын эрдэм шинжилгээний хуралдаан тун амжилттай болж өндөрлөж байна. Ингээд эдгээр салбар хуралдаануудаар авч хэлэлцсэн асуудлуудыг нэгтгэн дүгнэх хэсэг бүхий нэгдсэн шүүмж хэлэлцүүлэгтээ орж байна. Та бүхэнд тарааж өгсөн тараах материалд шүүмжлэгч нарын тухай тодорхой танилцуулсан байгаа тул эдгээр хүмүүсийг тусад нь танилцуулах шаардлагагүй гэж үзэж байна. Харин илтгэл тавих шүүмжлэгч нарын дэс дарааллыг танилцуулъя. Эхлээд, ООО, дараагаар нь ООО ... гэсэн дарааллаар явагдах болно. Шүүмжлэгч нарыг илтгэлээ тавьж дууссаны дараагаар асуулт, хариултандаа оръё гэж бодож байна. Та бүхнийг идэвхтэй оролцохыг хүсэж байна. Баярлалаа.

오늘 회의의 마지막 순서인 토론을 시작하겠습니다. 이틀 간 다섯 분과로 나누어 진행하였으며 그에 따라 금번 국제회의가 매우 성공적으로 잘 진행되고 있습니다. 이들 분과회의에서 다루어진 내용들을 종합토론으로 이어서 진행하도록 하겠습니다. 여러분들에게 나누어드린 유인물에 토론자들에 대해 상세하게 소개가 되어 있기 때문에 별도록 소개하지 않도록 하겠습니다. 다만 토론의 순서를 알려드리겠습니다. 먼저 OOO, 다음으로는

OOO 등의 순서로 진행하겠습니다. 토론이 끝나면 질의 응답 시간을 갖도록 하겠습니다. 여러분의 적극적인 참여를 부탁드립니다. 감사합니다.

9   Манай энэ удаагийн Олон улсын хөрөнгө оруулагчдын чуулга уулзалтын шүүмжлэгчээр салбар тус бүрээс уригдан ирсэн гурван эрхэмийг танилцуулж байна. Монгол улсын Уул уурхайн үндэсний ассоцацийн дэд тэргүүн OOO, Монгол улсын Хөрөнгийн биржийн Бодлого зохицуулалтын хэлтсийн дарга OOO, Гадаадын хөрөнгө оруулалт-гадаад худалдааны агентлагын ахлах мэргэжилтэн OOO нар оролцож байна. Эдгээр эрхэмүүд Монгол улс дахь гадаадын хөрөнгө оруулалтын өнөөгийн байдал, тулгамдсан асуудал, тэдгээрийг шийдвэрлэхэд хэрэгжүүлж буй төрийн бодлогын тухай болон хөрөнгө оруулагч нар юу юуг анхаарах талаар тодорхой хэлж өгнө гэдэгт итгэлтэй байна.

금번 국제투자자총회의 토론자로 각 분야에서 초청된 세 분을 소개하겠습니다. 몽골국광산협회 부회장이신 OOO, 몽골국 증권거래소 정책국장인 OOO, 외국인투자-무역통상청 선임행정관인 OOO 등이 참석하였습니다. 이분들은 몽골에서의 외국인투자 현황 및 현안, 그리고 그것을 해결하기 위한 정책 및 외국인 투자자들이 무엇을 유의해야 하는지에 대해 상세히 설명 드릴 것입니다.

10 Би шүүмжлэгч нараа маш товчхон танилцуулъя. Эхлээд Нийслэлийн захиргааны хөдөлмөрийн бодлого зохицуулалт, төлөвлөлтийн газрын орлогч дарга ООО, Удирдлагын Академийн багш, д-р., проф. ООО, Монгол дахь Солонгос иргэдийн нийгэмлэгийн тэргүүн ООО нар гарч ирээд байна. Мөн Монголын Худалдаа аж үйлдвэрийн танхимын дарга ООО, тус газрын зөвлөх ООО-ыг танилцуулах болсондоо баяртай байна.

토론자들을 간략하게 소개하겠습니다. 먼저 시청 고용정책기획국 부국장인 OOO, 행정아카데미 교수 OOO, 주몽골한인회장인 OOO님이 참석하셨습니다. 또한 몽골상공회의소 소장이신 OOO 와 본 회의소의 자문이사 OOO을 소개 드립니다

3-3. 소개에 대한 감사 표명

ХУРЛЫН ДАРГАД ТАЛАРХАЛ ИЛЭРХИЙЛЭХ

Шүүмжлэгч шүүмжээ эхлэхээс өмнө хурлын дарга болон хурал зохион байгуулагчдад хандан товчхон байдлаар талархал илэрхийлнэ.

토론자가 토론을 시작하기에 앞서 좌장 및 주최측에 사의를 표명한다.

1 Ийнхүү шүүмжлэгчээр оролцох завшаан олгосон хурлын зохион байгуулагч талд талархалаа илэрхийлье.
토론자로 참석할 기회를 주신 주최측에 감사를 표합니다.

2 Танд баярлалаа. Мөн энэхүү хуралд оролцож, хүндтэй том эрдэмтэдтэй мөр зэрэгцэн сууж байгаадаа туйлын баяртай байна.
감사합니다. 아울러 금번 회의에 참석하여 사회적으로 명망 있는 학자분들과 나란히 자리를 같이하게 되어 매우 기쁩니다

3 Нийт хуралд оролцогч зочид төлөөлөгчид, нийт шүүмжлэгч нартаа талархал илэрхийлье. Миний хувьд энэ арга хэмжээнд оролцож, та бүхэнтэй санал бодлоо

солилцох завшаан олдсон нь туйлын хүндэтгэлтэй хэрэг болж байна.

회의에 참석하고 계시는모든 분들과 토론자분들에게 감사를 표합니다. 제 자신 또한 이 회의에 참석하여 의견을 나눌 수 있는 기회를 갖게 되어 한없는 영광으로 생각합니다.

4 Монгол Солонгос хоёр орны хооронд дипломат харилцаа тогтоосны 30 жилийн ойд зориулсан өнөөдрийн энэ хуралдаанд оролцож санал бодлоо солилцон, шүүмж хэлэлцүүлэгт өөрийн хувь нэмрээ оруулж байгаадаа туйлын баяртай байна.

몽한 양국 간 수교를 맺은 지 30주년을 기념하는 오늘 회의에 참속하여 의견을 나누고 토론 마당에 조금이나마 기여하게 되어 기쁘게 생각합니다

5 Баярлалаа. Өнөөдрийн хэлэлцэх асуудлийн талаар өөрийн бэлдэж ирсэн шүүмжээ уншъя.

감사합니다. 오늘 토론 주제에 대해 제가 준비한 것을 읽어 나가도록 하겠습니다.

3-4. 토론 규정에 대한 설명

ШҮҮМЖ·ХЭЛЭЛЦҮҮЛГИЙН ДЭГ ТАНИЛЦУУЛАХ

Ихэнх тохиолдолд шүүмж хэлэлцүүлгийн дэгийн танилцуулахдаа хамгийн гол нь шүүмжлэг, хэлэлцүүлэг хийж байгаа хүнийг цагаа сайн барихыг сануулж байгаа нь харагддаг. Мөн шүүмж хэлэлцүүлгийг илтгэл тухай бүрийн дараа явуулах уу, нэгдсэн хэлэлцүүлгээр явуулах уу гэдгээ тогтоно. Хэлэлцүүлгийн цаг хүрэлцэхгүй тохиолдолд тухайн асуудлаар дараа дахин хэлэлцэх боломжтой эсэх зэргийг танилцуулна.

대부분의 경우 토론 규정을 설명할 때 가장 중요한 것은 토론자가 토론 시간을 잘 엄수해 줄 것을 부탁한다. 또한 분과별로 토론을 진행할지, 종합토론으로 진행할 것인지를 정한다. 토론 시간이 부족할 경우 해당 문제와 관련하여 다음에 다시 토론할 기회가 있는지의 여부를 알려준다.

1 Хуралдааны дэгийг товчхон танилцуулъя.
토론 규정을 간략히 소개해 드리겠습니다.

2 Юуны өмнө шүүмж тавих цагийг тогтох нь зүйтэй байх.

Шүүмжлэгч өөрийнхөө шүүмжийг 15 минутад багтаах тавихыг хүсье. Түүний дараа уг шүүмжтэй холбоотойгоор илтгэгчийн зүгээс нэмэлт тодруулга, хариултаа 5 минутад багтаан хэлэх хэрэгтэй. Эцэст нь уг илтгэлтэй холбоотой асуулт хариултын цагийг явуулах бодолтой байна.

무엇보다도 먼저, 토론 시간을 정하는 것이 좋겠습니다. 토론자는 자신의 토론을 15분 안에 마쳐주시기를 바랍니다. 그 이후에 토론과 관련하여 발표자가 추가 설명 및 답변을 5분 안에 마쳐주시기 바랍니다. 끝으로, 발표와 관련된 질의 응답 시간을 갖도록 하겠습니다.

3   Шүүмж илтгэл явуулахтай холбоотой нэг санал байна. Энэ салбар хуралдаан дээр тавьж байгаа илтгэлүүдийн сэдэв, хамран хүрээ ижил байгаатай холбогдуулан шүүмж, хэлэлцүүлгийг нэгдсэн байдлаар явуулахыг хүсэж байна. Нийт илтгэлийг сонсож дууссаны дараагаар нэгдсэн хэлэлцүүлгийг 30 минут явуулах бодолтой байна. Тэгээд үлдсэн 15 минутанд нь асуулт асуулж хариулах журмаар явуулцгаая.

토론 진행과 관련하여 한 가지 제안이 있습니다. 이 분과에서 발표된 발표문의 주제와 범위가 상호 유사한 관계로 토론을 종합토론으로 진행하고자 합니다. 모든 발표를 들은 후 종합토론

으로 30분간 진행할 예정입니다. 그리고 나머지 15분간은 질의
응답 시간을 갖도록 하겠습니다.

4 Юуны өмнө эхлээд шүүмж хэлэлцүүлэг явуулах журмаа
тогтоцгооё. Илтгэгч нар өөрийнхөө илтгэлийг 30 минут
тавих болно. Түүний дараа шууд залгуулаад шүүмжлэгч
нар өөрийнхөө шүүмжийг 5 минутад багтаан тавина уу.
Мөн салбар хуралдаан дууссаны дараагаар нийт
илтгэлийн талаар нээлттэй хэлэлцүүлэг явуулах болохоор
асуулт хариултыг тухайн цагт явуулъя гэж бодож байна.
무엇보다도 먼저 토론 규정에 대해 안내해 드리겠습니다. 발표
자들은 자신의 글을 30분간 발표하시겠습니다. 바로 이어서 토
론자들은 토론을 5 분 내에 해주시기 바랍니다. 또한 분과 회
의 를 마친 후에 모든 발표문에 대해 공개 토론을 진행하는 관
계로 질의 응답은 그 시간에진행하도록 하겠습니다.

5 Бидэнд цаг бага байгаа учраас шүүмжлэгч нар шүүмжээ 5
минутад багтаан уншихыг хүсье. Түүний дараа шууд
асуулт хариултандаа орох болно.
시간이 많지 않은 관계로 토론자들은 토론을 5분내에 마쳐주시
기를 바랍니다. 이어서 바로 질의 응답 시간을 갖도록 하겠습

니다.

6 Би энэхүү хурлыг даргалж байгаагийнхаа хувьд цагийг ягштал барих болно гэдгээ хэлмээр байна. Энэ хэлэлцүүлэгт илүү олон хүнийг хамруулах, тэдгээрийн сонирхсон асуултыг түлхүү сонсох үүднээс илтгэгч илтгэлийнхээ гол сэдвээс хазайх юмуу, гол зүйлдээ орж ярихгүй бол сануулга өгч, шавдуулах болно гэдгээ хэлье.

저는 본 회의의 좌장으로서 시간을 엄정하게 지키기를 희망합니다. 이 토론의 장에 보다 많은 분들을 모시고자 합니다. 그분들의 궁금한 내용을 더 많이 반영하기 위해서 발표문의 주요 주제니 핵심에서 벗어나면 주의를 드리도록 하겠습니다. 유의해 주시기 바랍니다

7 Хурлын дэгийн талаар нэг зүйл хэлэхийг хүсэж байна. Шүүмж хэлэлцүүлэгт энд хүрэлцэн ирсэн хүмүүсийг илүү олноор хамруулах үүднээс илтгэгчээс өөрийнхөө илтгэлийг 10-12 минутад багтаан тавьж дуусгахыг хүсэж байна.

회의 규정에 대해 한 가지 말씀드리겠습니다. 여기에 참석하신 분들의 의견을 충분히 반영하기 위해서 발표자는 10분에서 12

분 내로 마쳐주시기를 바랍니다

8 Илтгэлтэй холбоотойгоор асуулт асууж байгаа хүмүүс
өөрийнхөө нэр, ажил албыг танилцуулсны дараа асуултаа
асууна уу.
발표문과 관련하여 질문이 있으신 분들은 자신의 성함과 소속
을 밝히신 후 질문해주시기 바랍니다.

9 Нэг илтгэлийг тавьж түүнтэй холбоотой асуулт хариулт,
санал шүүмж хэлэх нийт цагийг 30 минут гэж тооцож
байгаа. Тэгэхээр илтгэгч маань өөрийнхөө илтгэлийг 20
минутад багтааж уншиж дуусгах ёстой. Өгөгдсөн цаг бага
байгаа тул гол гол зүйлээ багцлаад илтгэлээ тавихыг
хүсэж байна.
하나의 발표문과 질의 응답 및 토론 시간을 모두 포함하여 30
분으로 예상하고 있습니다. 따라서 발표자분들은 자신의 발표
를 20분내로 마쳐주시기 바랍니다 주어진 시간이 많지 않기 때
문에 핵심 내용만 간추려서 발표해 주시기 바랍니다.

10 Асуулт асуухыг хүссэн хүмүүс гараа өргөөрэй. Бидэнд
олгогдсон цаг бага байгаа учраас зөвхөн эхний 3 асуултыг
л авъя.

질문을 하실 분들은 손을 들어 주세요. 시간이 많지 않은 관계로 세 가지 질문만 받도록 하겠습니다.

3-5. 토론자 의견 및 토론문 낭독

ШҮҮМЖ ТАВИХ

Шүүмжлэгч өгөгдсөн хугацаанд тухайн илтгэлтэй холбоотой өөрийн санал бодлыг илэрхийлнэ. Шүүмлэлийн эхэнд гол төлөв холбогдох хүмүүст талархал илэрхийлэх, илтгэлийн чанар чансааг үнэлэх болон өөрийн тавих гэж байгаа шүүмжлэлийн гол агуулгын хэлдэг.

토론자는 주어진 시간 내에 해당 발표문과 관련된 의견을 밝힌다. 토론의 앞 부분에 참석자들에게 사의를 표하고, 발표문을 평가한 후 자신의 의견을 제시한다

1 Энэ хэлэлцүүлж байгаа илтгэлийн талаар өөрийн саналаа хэлэхийг хүсэж байна.

본 발표문에 대해 제 자신의 의견을 말씀드리고 싶습니다.

2 Юуны өмнө хэд хэдэн асуудлыг хөндөж тавихыг хүсэж байна.

무엇보다도 먼저 몇 가지 사항을 제안드리고자 합니다.

3 Таны хэлэлцүүлж буй илтгэлийг анхааралтай сонслоо. Танаас хэд хэдэн зүйлийг тодруулж асуумаар байна.

선생님의 발표문을 잘 들었습니다. 몇 가지 질문을 드리고자
합니다.

4 Таны тавьсан илтгэлийн гол агуулгыг хураангуйлан
дүгнэвэл ...
선생님 발표문의 핵심 내용을 간추려서 정리하면...

5 Надад энэхүү илтгэлийн талаар үндсэн 3 санал байна.
Эхнийх нь, ... хоёрдахь нь, ... эцэст нь хэлэхэд, ...
제게 본 발표문과 관련하여 3 가지 질문이 있습니다. 첫번째
는 ..., 두번째는 ..., 세번째는...

6 Илтгэгчээс дараах зүйлийг тодруулж асуумаар байна.
발표자님께 질문 한 가지 있습니다.

7 Ерөнхийдөө тантай санал нэг байна. Гэхдээ дараах
зүйлийг энд нэмж хэлэхийг хүсч байна. Мөн энэ талаар
давхар тодруулга авахыг хүсэж байгааг маань хүлээн авна
уу.
기본적으로 선생님과 견해가 일치합니다. 하지만 다음의 사항
들을 추가하여 말씀드리고자 합니다. 또한 이에 대한 선생님의
의견도 듣고 싶습니다.

3-6. 질문

АСУУЛТ ТАВИХ

Хурлын явцад хэлэлцэж буй асуудалтай холбоотойгоор асуулт харилт явагдах бөгөөд хурал даргалагчийн зүгээс зөвшөөрөл өгнө. Асуулт асууж буй хүн өөрийгөө танилцуулж нэр болон харъяа байгууллагаа хэлдэг. Мөн хэнээс асуулт асуухыг хүсэж байгаа тухайгаа тодорхой хэлнэ.

회의 중 다루어지는 질문들과 관련하여 질의 응답 시간을 가지며 좌장에게 모든 권한을 부여한다. 질문자는 자신의 성명과 소속을 밝힌다. 또한 누구에게 질문하는지를 구체적으로 밝힌다.

1   Сайн байна уу? Надад нэг асуулт байна.
    안녕하세요? 질 문 한 가지가 있습니다.

2   Асуулт асуух завшаан олгосонд баярлалаа.
    질문할 기회를 주셔서 감사합니다.

3   Би ООО сэдвээр илтгэл тавьсан ООО багшаас нэг асуулт асуухыг хүсэж байна.
    저는 ООО 주제로 논문을 발표한 ООО 교수님께 한 가지 질문을 드리고자 합니다.

4 Энэ талаар та нэмж тайлбарлаж өгөхгүй юу?

이에 관해 추가적으로 설명을 해주시기 바랍니다.

5 Таны дурдсан "ООО" гэдэг ухагдахууныг яг ямар утгаар ойлгож болох вэ? Энэ тухай бага зэрэг тодруулж өгөхийг хүсэж байна.

선생님이 언급하신 OOO 라는 개념이 정확히 어떤 의미로 해석할 수 있는지요? 이에 관해 간략하게 설명해주시기를 바랍니다.

6 Энэ асуудлын зөв гарц, цаашдын бодит шийдлийг та хэрхэн төсөөлж байна вэ? Маш товчхон хэлж өгөхгүй юу?

이 문제의 올바른 출구와 향후 실질적인 해결책을 어떻게 예상하십니까? 간략하게 설명해 주시기 바랍니다.

7 Энэ тал дээр та хэр зэрэг сэтгэл ханталуун явдаг вэ? Таны өөрийн тань байр суурийг сонсмоор байна.

이에 관해 선생님은 얼마나 만족하고 계신지요? 선생님 자신의 입장을 듣고 싶습니다.

8 Би энэ тал дээр санал нийлэхгүй байна. Яагаад гэвэл, ...

저는 이에 관해 동의하지 않습니다. 왜냐 하면...

9 Энэ талаар би тантай зөрүүтэй санал хэлмээр байна. Гэхдээ энэ бол зөвхөн миний л бодол гэдгийг эхлээд хэлмээр байна.

이 문제에 대하여 저는 선생님과 의견이 다릅니다. 하지만 이 것은 순전히 저만의 개인적인 의견임을 밝힙니다.

10 Хэд хэдэн зүйлийн тухай тодруулж асуухыг хүсч байна.

몇 가지 불투명한 사항을 명료하게 밝혔으면 하는 바람입니다.

11 Таны бодлоор үүний учир шалтгааныг хэрхэн тайлбарлах вэ?

선생님의 생각으로는 이 문제에 대한 원인이 무엇이라 생각합니까?

12 Би таны ярьсаныг зөв ойлгосон байна уу?

제가 선생님의 견해를 정확히 이해했는지요?

13 Би энэ асуудлын эдийн засгийн талаас нь нэг асуулт асуумаар байна.

전 이 문제를 경제적인 측면에서 한 가지 여쭙고자 합니다.

3-7. 질문에 대한 답변

АСУУЛТАНД ХАРИУЛАХ

Хуралд оролцож байгаа хүмүүсийн зүгээс асуусан асуултанд хариулахдаа хамгийн эхлээд сонирхон асуулт асууж байгаад нь талархал илэрхийлэх юм уу, тухайн асуултын үнэ цэнийн тухай бүхэлд нь үнэлэлт өгөх байдлаар хариултаа эхлэнэ. Хэрвээ тухайн асуултыг ойлгоогүй тохиолдолд дахин тодруулж асуудаг. Мөн асуултанд хариулж дууссаныхаа дараа өөрийнх нь хариулт бүрэн дүүрэн байгаа эсэх талаар лавлан асуудаг.

청중 쪽에서 질의한 질문에 대해 답변하기에 앞서 먼저 사의를 표하거나 해당 질문의 가치를 평가한 후 답변한다. 만약 질의의 내용을 이해하지 못 한 경우 다시 질문의 내용을 확인한다. 또한 답변이 제대로 충분하게 이루어졌는지 여부를 확인한다.

1 Маш сайхан асуулт байна. Баярлалаа.
매우 흥미로운 질문입니다. 감사합니다.

2 Таны асуултыг сонсоод үнэхээр би нэг гол зүйлээ орхигдуулчих юм шиг байна.
선생님의 질문을 들으니 제가 한 가지 중요한 내용을 빠트린 것 같습니다.

3 Сонирхолтой асуулт байна.

흥미로운 질문입니다.

4 Таны асууж байгаа зүйл үнэхээр зөв.

아주 적절한 질문입니다.

5 За, таны асуултанд хариулъя аа!

네. 선생님의 질문에 답변드리겠습니다.

6 Таны асуултанд товчхон хариулъя.

간략하게 답변드리겠습니다.

7 Хэрвээ би таны асууж байгаа зүйлийг зөв ойлгосон бол ...

만약 제가 선생님의 질문의 요지를 제대로 이해했다면...

8 Би таны асуултанд бүрэн дүүрэн хариулж чадав уу?

제가 선생님의 질문에 충분한 답변이 되었는지요?

9 Таны асуултанд бүрэн дүүрэн хариулж чадсан эсэхээ мэдэхгүй байна.

선생님의 질문에 충분한 답변이 되었는지 잘 모르겠습니다.

10 Би тантай санал нэг байна.

선생님과 견해가 일치합니다.

11 Би хоёрдахь асуултаас нь эхлээд хариулъя.

제가 두번째 질문부터 답변드리겠습니다.

12 Би бололцооныхоо хирээр хариулъя.

제가 가능한 범위 내에서 답변드리겠습니다.

13 Үнэхээр энэ том асуудлын талаар өнөөдөр бүрэн дүүрэн хариулт өгч чадна гэдэгтээ эргэлзэж байна. Гэвч чадахынхаа хирээр товчхон хариулахад ...

참으로 커다란 이 문제에 대해서 제가 충분하게 답변을 드릴 수 있을지 확신이 서지 않습니다. 하지만 가능한 범위 내에서 답변드리겠습니다.

14 Энэ асуудлын талаар би дараа дахин нухацтай бодож үзнэ гэдгээ танд хэлмээр байна.

이 문제에 대해 다음 기회에 진지하게 고민해 보도록 하겠습니다.

15 Товчхондоо хариулахад ийм байна.

이 정도로 간략하게 답변을 드리겠습니다.

IV 폐회식
ХУРЛЫН ҮЙЛ АЖИЛЛАГААГ ӨНДӨРЛӨХ

4-1. 발표자 또는 청중에 대한 사의 표현

ИЛТГЭГЧ БОЛОН ОРОЛЦСОН ХҮМҮҮСТ ТАЛАРХАЛ ИЛЭРХИЙЛЭХ

Хурал даргалагч хурлын үйл ажиллагааг хаахын өмнө тухайн хурлаас гарсан шийдвэр, ололт амжилт, үр дүнгийн тухай товч дүгнэж үг хэлдэг. Мөн тухайн хуралд илтгэл хэлэлцүүлсэн, шүүмж тавьсан хүмүүс болон хурлын үйл ажиллагааг амжилттай зохион байгуулахад оролцсон бүхий л хүмүүст талархал илэрхийлж болно.

좌장이 폐회를 선언하기 전 본 회의에서 결의된 내용과 성과에 대해 간략하게 평가한다. 또한 해당 회의의 발표자와 토론자를 포함한 모든 참석자들에게 사의를 표한다.

1 Энэхүү хурлыг амжилттай зохион байгуулахад гар бие оролцсон бүхий л хүмүүст талархалаа илэрхийлье.
본 회의를 성공적으로 개최하는데 있어 노고를 아끼지 않은 모든 분들에게 사의를 표한다.

2 Үнэхээр сайхан хуралдаан болж өнгөрлөө. Нийт илтгэл тавьсан хүмүүстээ, мөн шүүмж хэлэлцүүлэгт идэвхтэй оролцсон шүүмчлэгч нартаа баярлалаа.

매우 성공적으로 회의를 마쳤습니다. 모든 발표자와 토론자 분들에게 감사의 말씀을 전합니다.

3 Өнөөдөр ийнхүү зав цаг гарган хүрэлцэн ирсэн та бүхэнд талархсанаа илэрхийлье.
오늘 이렇게 바쁘신 중에도 시간을 내셔서 참석해주신 모든 분들께 깊은 감사를 드립니다.

4 Хурлын үйл ажиллагаанд идэвхтэй оролцож илтгэлээ хэлэлцүүлж, шүүмж хэлэлцүүлэг өрнүүлсэн бүх хүмүүст таларахаж байна.
회의에 적극적으로 참여해주신 발표자분들과 토론자 분들을 포함하여 모든 들께 감사를 드립니다.

5 Алс хол газраас ирсэн зочид төлөөлөгчддөө болон хуралдаанд идэвхтэй оролцсон нийт хүмүүст баярласан таларахсанаа илэрхийлье.
먼 곳에서 왕림해주신 귀빈 여러분과 회의에 참석하신 모든 분들에게 깊은 감사를 표합니다.

6 Та бүхэнтэй цуг өнөөдрийн энэхүү хуралдаанд оролцсон

явдалдаа туйлын баяртай байна.

여러분과 함께 본 회의를 개최하게 되어 매우 기쁩니다.

7 Өнөөдрийн энэхүү хурлыг амжилттай зохион байгуулсан зохион байгуулагч талд баярласан талархсанаа илэрхийлээд цаашид ажил үйлсэд нь өндөр амжилт хүсье.

오늘 본 회의를 성공적으로 개최한 주최측에 감사의 말씀을 드리며 향후 큰 성과를 거두기를 기원드립니다.

8 Та бүхэнд эрүүл энх сайн сайхан бүхнийг хүсэн ерөөе! Цаашдын судалгаа шинжилгээний ажилдаа улам их амжилт гаргахыг хүсэн ерөөе! Баярлалаа!

여러분의 건강과 광영을 기원합니다. 향후 연구와 업적에 있어 보다 큰 성과를 거두시기를 기원합니다. 감사합니다.

4-2. 회의 평가

ХУРЛЫН ҮЙЛ АЖИЛЛАГААГ ДҮГНЭХ

Хурал даргалагч хурлын үйл ажиллагааг хаахын өмнө тухайн хурлаас гарсан шийдвэр, ололт амжилт, үр дүнгийн тухай товч дүгнэж үг хэлдэг. Тухайн хуралдаан салбар хуралдаанаар хуваагдаж явсан тохиолдолд салбар хуралдаан бүрийн үр дүнг товчхон танилцуулсны дараа нэгдсэн дүгнэлтээ хэлнэ.

좌장은 폐회 선언 전 본 회의에서 결의된 내용과 성과에 대해 간략하게 평가한다. 분과별로 진행된 경우 각 분과별로 간략하게 평가한다.

1 Өглөөнөөс орой хүртэл бүтэн өдрийн турш бид нар хуралдлаа. Одоо ингээд хуралдаан маань өндөрлөх дөхөж байна. Өндөрлөхийн өмнө өнөөдрийн хуралдааныхаа талаар товч дүгнэж хэдэн үг хэлэхийг хүсэж байна.

아침부터 저녁까지 종일 회의를 개최하였습니다. 이제 회의를 마치려 합니다. 폐회에 앞서 회의에 관해 간략하게 총평을 하고자 합니다.

2 Өнөөдөр манай эрдэм шинжилгээний хурал маш амжилттай болж өндөрлөлөө.

오늘 우리 학술대회는 매우 성공적으로 마치게 되었습니다.

3 Энэ удаагийн хуралдааны талаар дараах байдлаар нэгтгэн дүгнэж болохоор байна. Юуны өмнө, ... хоёрдугаарт, ... эцэст нь хэлэхэд, ...

본 회의에 대하여 다음과 같이 총평을 하고자 합니다. 우선, ...,

두번째는, ..., 마지막으로, ...

4 Бид бүхэн өнөөдөр олон асуудлуудын талаар олон талаас нь нухацтай сайн хэлэлцлээ гэж бодож байна. Үнэхээр үр дүнтэй сайхан хурал боллоо. Ийнхүү амжилттай болж өндөрлөхөд хүчин чармайлт гаргасан бүх хүмүүст дахин талархсанаа илэрхийлмээр байна.

우리는 오늘 여러 문제들에 대해 여러 측면에서 심도 있는 토론을 진행하였습니다. 참으로 결실이 풍성한 성공적인 회의였습니다. 이렇게 성공적으로 마치는데 있어 노고를 아끼지 않으신 모든 분들에게 다시 한번 감사를 표합니다.

5 Үнэхээр амжилттай семинар болж өнгөрлөө. Өнөөдрийн хэлэлцсэн асуудлуудыг бүгдийг нь базаж нэг үгээр хэлэх боломжгүй боловч тавьсан илтгэл болон шүүмж хэлэлцүүлгийн үеэр дурдагдсан гол гол асуудлуудыг энд нэгтгэн дүгнэж хэлэх нь зүйтэй болов уу гэж бодож байна. 참으로 성공적인 세미나가 되었습니다. 오늘 논의된 모든 내용들을압축하여 한 단어로 말씀드리기는 어렵습니다만 발표된 글들과 토론의 장에서 언급된 주요 내용들을 간추려 총평하는 것이 맞다고 생각합니다.

4-3. 폐회 선언

ХУРЛЫН ҮЙЛ АЖИЛЛАГААГ ӨНДӨРЛӨХ

Хурал даргалагч хурал өндөрлөж байгааг мэдэгдэж үг хэлдэг. Ээлжит хурал болж байгаа тохиолдолд дараагийн хурал хэзээ, хаана болох талаар мэдээлж болно.

좌장이 회의의 폐회를 선언한다. 정기적으로 회의를 개최하는 경우 다음 회의를 언제 어디서 개최하는지를 공지한다.

1 Энэ удаагийн хурал хаасныг мэдэгдэе.
폐회를 선언합니다.

2 Манай салбар хуралдааны үйл ажиллагаа үүгээр өндөрлөж байна.
우리 분과 회의를 마치겠습니다.

3 За ингээд хуралдаанаа өндөрлөе. Та бүхэнд баярлалаа!
자! 이렇게 회의를 마치도록 하겠습니다. 감사합니다.

4 Манай судалгааны хүрээлэнгээс жил бүр уламжлал болгон зохион байгуулдаг олон улсын эрдэм шинжилгээний хурал маань үүгээр өндөрлөж байна. Энэ

удаагийн ээлжит хурал өндөрлөснийг мэдэгдээ.

우리 연구원에서 매년 개최하는 국제학술회의를 마치도록 하겠습니다. 금번 정기회의의 폐회를 선언합니다.

5 Эрхэм хүндэт ноёд, хатагтай нараа! Дөрвөн жилийн дараа 2023 онд МУ-ын нийслэл Улаанбаатар хотны дахин уулзан учрахын өлзийтэй ерөөлийг өргөн дэвшүүлээд энэ удаагийн хуралдаан үүгээр өндөрлөж байгааг мэдэгдэж байна.

존경하는 신사숙녀 여러분! 4년 뒤인 2023년 몽골국 수도인 울란바타르에서 다시 만나뵙기를 희망하며 폐회를 선언합니다.

6 Ирэх жил дахин дахин уулзахын ерөөл дэвшүүлээд энэ удаагийн хуралдаанаа өндөрлөж байна. Та бүхэн аян замдаа сайн яваарай!

내년에 다시 뵙기를 희망하며 폐회를 선언합니다. 평안한 여행길 되시기 바랍니다.

7 Энэ удаагийн хурал туйлын амжилттай болж өндөрлөж байна. Дараагийн удаа Солонгосын үзэсгэлэнт Жэжү арал дээр улам өндөр амжилттайгаар учран золгоцгооё!

금번 회의를 성공적으로 마쳤습니다. 다음 회의는 한국의 아름다운 섬 제주도에서 만나 뵙겠습니다.

V 부록

ХАВСРАЛТ

5-1. 국제회의(행사) 준비 체크리스트

Олон улсын хурал(арга хэмжээ)-д бэлтгэх ажил үүргийн жагсаалт тэмдэглэл

01. 양자 면담 체크리스트

Хоёр талын уулзалтанд бэлтгэх

1 면담 준비 / Уулзалтанд бэлтгэх

☐ 일정 적정성	☐ Уулзалтын өдөр хоног тохиромжтой эсэх
☐ 대표자 사전 면담 여부	☐ Төлөөлөгчид урьдчилсан уулзалт зохион байгуулах эсэх
☐ 면담 목적 및 의제	☐ Уулзалтын зорилго, хэлэлцэх асуудал
☐ 상대편 담당자 연락처	☐ Нөгөө талын асуудал хариуцсан ажилтны харилцах утас
☐ 방문자 명단 (방문자 약력, 일정 등)	☐ Төлөөлөгчидийн нэрийн жагсаалт (Товч намтар, хөтөлбөр г.м.)
☐ 회의장 장소 적정성 (방문자 인원 등을 감안하여 국제회의실/대·소회의실 장소 선정)	☐ Хурлын өрөө тохиромжтой эсэх (Төлөөлөгчдийн бүрэлдэхүүн зэргийг харгалзан олон улсын хурлын өрөө/том, жижиг/ зэргийг сонгох)
☐ 방문차량 정보 확인 및 출입 사무소에 사전 통보	☐ Төлөөлөгчдийн сууж ирэх автомашины тухай мэдээлэл, түүнийг харуулын албанд урьдчилан мэдэгдэх
☐ 회의자료 의제별 작성	☐ Хэлэлцэх асуудал тус бүрээр хурлын материал бэлдэх
☐ 회의 배석자 선정	☐ Сандал суудалыг хуваарилах
☐ 참석자의 회담장 명패 준비	☐ Хурлын өрөөнд төлөөлөгчидийн нэрийн самбар байрлуулах
☐ 방문자 환영 Signboard	☐ Зочид төлөөлөгчдед талархал илэрхийлсэн самбар байрлуулах
☐ 보도자료 필요성 검토	

☐ 통역 준비 ☐ 사진 촬영(홍보담당관실) 협 　조 요청	☐ Хэвлэл мэдээллийн материал бэлдэх эсэхийг 　шийдэх ☐ Орчуулагч бэлдэх ☐ Дурсгалын зураг авах талаар маркетинкийн 　алба зэрэг холбогдох тасагтай ярьж тохирох

2 면담일 / Уулзалтын өдөр

☐ 회의장 좌석 배치 ☐ 국기 설치 ☐ 면담자 선물 준비 ☐ 꽃수반 및 차·음료 준비	☐ Хурлын танхимд суудал засч хуваарилах ☐ Төрийн далбаа байрлуулах ☐ Зочид төлөөлөчдөд зориулсан бэлэг, дурсгалын 　зүйл бэлдэх ☐ Цэцэг, цай, ундаа зэргийг бэлдэх

3 사후 조치 / Уулзалтын дараа

☐ 회의결과 작성 ☐ 논의사항 관련부서 통보 ☐ 보도자료 배포	☐ Уулзалтын үр дүнгийн талаар тэмдэглэл хөтлөх ☐ Хэлэлцсэн асуудлын талаар холбогдох албанд 　хүргүүлэх ☐ Хэвлэл мэдээллийн эх материал бэлдэж тараах

02 다자회의 참가 체크리스트

Олон талын төлөөлөгч оролцсон хуралд бэлтгэх

1 회의 참가 준비 / Хуралд бэлтгэх

☐ 초청요청 이메일 및 공문 접수	☐ Хурлын урилгыг цахим шуудан болон албан бичгээр хүлээн авах
☐ 참석 필요성 확인 후 수석대표 결정/보고(통역참가 확인)	☐ Хуралд оролцох шаардлагатай эсэхийг нягталсны дараа төлөөлөгчдийн тэргүүнийг сонгож тайлагнах (орчуулагч хамт явах эсэхийг нягтлах)
☐ 출장방침, 국외여비 청구	☐ Томилолтын журам, томилолтын зардал зэргийг нэхэмжилэх
☐ 참가자 등록 및 대표단 통보	☐ Оролцогчдийг бүртгүүлэх, төлөөлөгчлийг багийг мэдүүлэх
☐ 비자 및 호텔예약 확인	☐ Виз, зочид буудлын захиалгыг нягтлах
☐ 선물 준비	☐ Бэлэг, дурсгалын зүйл бэлдэх
☐ 의제별 입장 준비	☐ Хэлэлцэх асуудал бүрээр өөрсдийн байр суурриа бэлтгэх
☐ 현지이동 방식(의전차량 유무 등) 확인	☐ Арга хэмжээний үеэр ямар унаа хэрэглэх эсэхийг нягтлах (үйлчилгээний машин г.м.)

2 회의 참가 / Хуралд оролцох

☐ 대표단 연락처(방번호) 배포	☐ Төлөөлөгчдийн багтай харилцах утас(өрөөний дугаар) зэргийг тарааж өгөх
☐ 대표단 등록(이름표 수령)	☐ Төлөөлөгчдийн багийг бүртгүүлэх (мандат зэргийг хүлээн авах)
☐ 회의장 및 수석대표(통역) 좌석 확인	☐ Хурлын дарга, төлөөлөгчдийн тэргүүн(орчуулагч)-ий суух суудлыг нягтлах
☐ (필요시) 회의록 확인 및 수정 요청	☐ (Шаардлагатай тохиолдолд) Хурлын протоколийг хүлээн авах, засвар оруулахыг хүсэх

03 국제행사 개최 체크리스트

Олон улсын арга хэмжээ зохион байгуулах

1 개최결정 / Зохион байгуулах шийдвэр гаргах

☐	국제행사 성격 및 필요성 확인	☐	Олон улсын арга хэмжээний төрөл зүйл, шаардлага зэргийг тодорхойлох
☐	필요예산 확인 및 예산확보	☐	Шаардлагатай төсвийг баталж, авах
☐	행사개최 지역 및 장소 확정	☐	Арга хэмжээг зохион байгуулах бүс нутаг, газар орныг тогтох
☐	행사계획안 보고	☐	Зохион байгуулах арга хэмжээний төлөвлөгөөг гаргаж тайлагнах
☐	(필요시) 행사보도자료 배포	☐	(Шаардлагатай тохиолдолд) Арга хэмжээний талаарх хэвлэл мэдээллийн эх бэлтгэж тараах

2 행사준비 / Арга хэмжээнд бэлтгэх

☐	(필요시) PCO 선정	☐	(Шаардлагатай тохиолдолд) PCO сонгон шалгаруулах
☐	(필요시) 행사 홈페이지 구축	☐	(Шаардлагатай тохиолдолд) Арга хэмжээнд зориулсан цахим хуудас хийх
☐	행사초청장 발송	☐	Урилга хүргүүлэх
☐	참가자 등록 및 접수	☐	Оролцогчдыг бүртгэх
☐	(필요시) 초청자 비행기티켓 및 숙박예약	☐	(Шаардлагатай тохиолдолд) Зочид төлөөлөгчдийн онгоцны билет, зочид буудлыг захиалах
☐	(필요시) 회의의제/일정/선언문(안) 등 관련 국제기구(사무국) 협의	☐	(Шаардлагатай тохиолдолд) Хурлаар хэлэлцэх асуудал/хөтөлбөр/хурлаас гарах мэдэгдэл зэргийг холбогдох олон улсын байгууллага(ажлын алба)-тай хэлэлцэж тохирох
☐	회의의제/일정 등 회의자료 발송	☐	Хурлаар хэлэлцэх асуудал/хөтөлбөр зэрэг хурлын материалыг илгээх
		☐	(Шаардлагатай тохиолдолд) Хурлаас гарах мэдэгдэл, тохиролцсон асуудал(төсөл)-ыг

☐	(필요시) 선언문 혹은 협정서(안) 회원국(참가자) 회람 및 수정	☐	гишүүн улс(оролцогч)-уудад тараах, засварлах
☐	회의장 및 오·만찬장 세팅/현장방문(Field Trip) 스케줄·동선 등 확인	☐	Хурлын танхим, өдрийн болон оройн зоог барих газрыг тохижуулах, экскурс аялалын хөтөлбөр, дагалдан явагч зэргийг нягтлах
☐	(필요시) MOU 서명식 준비	☐	(Шаардлагатай тохиолдолд) MOU-д гарын үсэг зурах ёслолд бэлтгэх
☐	참석자 공항↔회의장 영접	☐	Зочид төлөөлөгчдийг онгоцны буудлаас хүлээн авах, үдэн гаргах

3 행사개최 / Арга хэмжээг зохион байгуулах

☐	등록장소/회의장 등 세팅 최종확인	☐	Бүртгэл явагдах газар/хурлын танхим зэргийг эцсийн байдлаар шалгах
☐	대표단 등록 및 회의장 안내	☐	Зочид төлөөлөгчдийг бүртгэх, хурлын танхим руу газарчилах
☐	회의자료(선물) 테이블 비치	☐	Хурлын материал(бэлэг) зургийг ширээн дээр байрлуулах
☐	회의록 작성(종료시 최종보고 및 수정)	☐	Хурлын протокол хөтлөх(хурал дууссаны дараа эцсийн байдлаар тайлагнах, засварлах)
☐	(필요시) MOU 서명식	☐	(Шаардлагатай тохиолдолд) MOU-д гарын үсэг зурах ёслол явуулах

4 사후조치 / Арга хэмжээ өндөрлөсний дараа

☐	감사서신 발송(필요시 기념사진 등 배포)	☐	Талархалын захидал илгээх (шаардлагатай тохиолдолд дурсгалын зураг зэргийг тараах)
☐	회의록(안) 송부 및 수정	☐	Хурлын протокол(төсөл)-ыг илгээх засварлах
☐	회의결과 보고서 작성	☐	Хурлын үр дүнгийн талаар тайлан бичих
☐	최종결과보고	☐	Хурлын үр дүнг тайлагнах

5-2 국제회의 준비 단계별 일정표

Олон улсын хурлын бэлтгэл хангах шаталсан хөтөлбөр

01 계획에서 개최결정에 이르기까지

Төлөвлөхөөс эхлээд шийд гаргах хүртэлх үе шат

1 개최 타당성 조사 / Боломж нөхцлийг судлах

☐ 주최자의 조직력 및 운영능력	☐ Зохион байгуулагч талын удирдан зохион байгуулах чадвар
☐ 개최규모	☐ Хурлын цар хүрээ
☐ 예산규모	☐ Санхүү төсвийн хэмжээ
☐ 기간 및 시기의 적정성	☐ Зохион байгуулах цаг хугацаа, өдөр сар зохимжтой эсэх
☐ 회의장 정보 입수	
☐ 숙박시설 정보 입수	☐ Хурал зохион байгуулах газрын талаарх мэдээлэл цуглуулах
☐ 교통 편의성 조사	☐ Зочид буудлын талаарх мэдээлэл
☐ 참가자 출입국 문제 조사	☐ Зам тээврийн таатай нөхцөлийг судлах
☐ 관련사항(관광, 수송, 도시 제반 시설, VIP 참가 가능성 등) 정보 입수	☐ Оролцогч улс орнуудын талаарх мэдээллийг судлах
	☐ Холбогдох зүйлс (аялал жуулчлал, зам тээвэр, хотын дэд бүтэц, VIP оролцох эсэх)-ийн талаарх мэдээлэл
☐ 시기결정을 위한 점검사항	☐ Хуралдааныг зохион байгуулах цаг хугацааг тогтоохдоо дараах зүйлсийг харгалзан үзнэ.
- 참가자들이 참가하기 쉬운 시기이다.	- Хуралд оролцогч талуудад таатай цаг хугацаа байх
- 비수기이다	- Аялал жуулчлалын ачаалалтай үе биш байх
- 유사 성격의 업계, 학회의 회의와 중복 되지 않는다.	- Ижил үйл ажиллагаа бүхий байгууллага, судалгааны хүрээлэнгээс зохион байгуулж буй хурал зөвлөгөөнтэй давхцахгүй байх
- 큰 행사 또는 축제와 겹치지 않는다.	- Өөр бусад том арга хэмжээ, баяр наадамтай давхцахгүй байх
- 휴일이 많은 달은 피한다.	

- 여름·크리스마스 휴가와 중복되지 않는다.	- Амралтын өдөр олонтой сар байхаас зайлсхийх
	- Зуны болон Зул сарын зэрэг нийтээр амрах өдрүүдтэй давхцахгүй байх

2 지방도시에서 개최하는 경우 / Хөдөө орон нутагт зохион байгуулж байгаа тохиолдолд

☐ 참가자들이 이용할 수 있는 교통편이 편리한가	☐ Зам тээврийн сүлжээ оролцож буй зочид төлөөлөгчидөд таатай байгаа эсэх
☐ 좋은 회의장, 호텔, 연회장, 레스토랑 시설이 있는가	☐ Сайтар тоноглогдсон хурлын танхим, зочид буудал, хүлээн авалтын газар, ресторан байгаа эсэх
☐ 관광자원, 문화자원이 풍부한가	☐ Аялал жуулчлал, соёл үйлчилгээний газар хангалттай эсэх
☐ 우수한 인적 자원을 확보할 수 있는가	☐ Мэдлэг чадвартай хүний нөөц байгаа эсэх
☐ 외국인을 환영하는 분위기가 갖추어져 있는가	☐ Гадаадын иргэдийг халуун дотноор хүлээн авах орчин нөхцөл бүрдсэн эсэх
☐ 박물관, 미술관, 역사관, 지역 특산품관 등이 있는가	☐ Музей, үзэсгэлэн, түүхийн үзвэр, орон нутгийн онцлог бүхий бараа бүтээгдэхүүний үзэсгэлэн яармаг байгаа эсэх
☐ 지역특산품의 제조공장 견학과 실연이 가능한가	☐ Орон нутгийн онцлог бүхий бараа бүтээгдэхүүн үйлдвэрлэдэг үйлдвэрийн газраар зочлох экскурс зохион байгуулах боломжтой эсэх
☐ 산업시찰이 가능한가	☐ Үйлдвэрлэлийн газруудаар зочлох боломжтой эсэх
☐ 세련된 관광행사를 치룰 수 있는가	☐ Шинэлэг уур амьсгал бүхий аялал жуулчлалын арга хэмжээ зохион байгуулах боломжтой эсэх
☐ 주변 교통망의 정비가 잘 되어 있는가	☐ Эргэн тойрны зам тээврийн сүлжээ хангалттай сайн байгаа эсэх
☐ 지방자치단체의 인적·경제적인 협력을 얻을 수 있는가	☐ Орон нутгийн өөртөө засах байгууллагын зүгээс хүний нөөцийн болон эдийн засгийн тусламж дэмжлэг үзүүлж чадах эсэх

3 개최결정 / Хурал зохион байгуулах шийд гаргах

☐	결정통지를 서면으로 접수	☐	Зохион байгуулах шийдвэрийг бичгээр үйлдэн бүртгэх
☐	국제본부와 자국측 위원회의 역할 분담을 명확히 한다.	☐	Олон улсын байгууллага болон өөрийн улсын зохион байгуулах хорооны ажил үүргийн хуваарийг тодорхой тусгаж өгөх

02 준비 제 1 단계: 조직위원회 구성과 예산편성

Бэлтгэл шат 1: Зохион байгуулах комисс байгуулах, төсөв батлах

1 개최 타당성 조사 / Зохион байгуулах боломж нөхцлийг

судлах

2 사무국 설치 / Ажлын хэсэг байгуулах

3 각종 분과위원회 구성 / Дэд хороо байгуулах

☐ 학술분과		☐ Эрдэм шинжилгээ хариуцсан дэд хороо	
☐ 등록분과		☐ Бүртгэл хариуцсан дэд хороо	
☐ 행사분과		☐ Арга хэмжээ, зохион байгуулалтын дэд хороо	
☐ 관광분과		☐ Аялал жуулчлалын дэд хороо	
☐ 의전 및 수송분과		☐ Ёслол, хүлээн авах дэд хороо	
☐ 전시분과		☐ Үзэсгэлэн яармаг хариуцсан дэд хороо	
☐ 홍보.출판 분과		☐ Зар сурталчилгаа, хэвлэлийн дэд хороо	
☐ 재정분과		☐ Санхүүгийн дэд хороо	

4 공식여행사의 선정 / Албан ёсны аялал жуулчлалын

компани сонгон шалгаруулах

5 회의 설명자료 작성 / Хурлын танилцуулга хийх

6 조직위원회 규정 및 회계규정 작성 / Зохион байгуулах

комиссын дүрэм, санхүүгийн дүрэм батлах

7 회의 규모 파악 / Хурлын цар хүрээг тодорхойлох

☐ 외국인 대 내국인 참가비율	☐ Гадаад дотоодын оролцогчдын харьцаа
☐ 회의의 주기 및 회의의 화제성	☐ Хурлын давтамж, үнэлэмж нөлөө
☐ 회의를 주최하는 단체, 연관 단체에 소속된 회원 수	☐ Хурлыг зохион байгуулж буй байгууллага, холбогдох байгууллагын гишүүний тоо

8 회의장 선정 / Хурлын байрыг сонгох

☐ 필요한 방의 수와 종류가 충분 한가	☐ Хэрэгцээтэй өрөөний тоо, төрөл хангалттай эсэх
☐ 회의장의 음향시설은 좋은가	☐ Хурлын танхимын дууны тоног төхөөрөмж сайн эсэх
☐ 냉난방시설이 확실히 되어있는 가	☐ Халаалтын болон сэрүүцүүлэх систем сайн ажиллаж байгаа эсэх
☐ 의자의 착석감이 좋은가	☐ Сандал суудлын ая тухтай байдал сайн эсэх
☐ 영상기자재가 있는가	☐ Дүрс дууны тоног төхөөрөмж байгаа эсэх
☐ 동시통역부스가 있는가	☐ Синхрон орчуулгын кабин байгаа эсэх
☐ 개회식, 기조강연장으로 사용 될 방의 분위기가 중후한가	☐ Хурлын нээлт, үндсэн илтгэл тавих танхимын уур амьсгал зохимжтой эсэх
☐ 분과회의장, 토론회장은 밝고 활발한 인상을 주는가	☐ Салбар хуралдаан, шүүмж хэлэлцүүлэх явуулах хурлын танхим гэрэл гэгээ сайтай, оролцогчдын идэвхийг нэмэгдүүлэх уур амьсгал буй эсэх
☐ 연구발표, 토론회장의 천장높 이가 충분한가	☐ Илтгэл, шүүмж хэлэлцүүлэг явагдах танхимын тааз хангалттай өндөр эсэх
☐ 마이크, OHP, 슬라이드 등 기 자재가 충분히 보유되어 있는 가	☐ Микрофон, OHP, слайд зэрэг тоног төхөөрөмж хангалттай эсэх
☐ 회의실 주변에 참가자간 환담 과 교제를 위한 공간이 있는가	☐ Хурлын танхимын ойролцоо хуралд оролцогчид өөр хоорондоо уулзаж ярилцах газар буй эсэх

☐ 등록데스크를 설치할 공간은 충분한가	☐ Бүртгэл явуулах ширээ байрлуулах орон зай хангалттай эсэх
☐ 회의실의 배치는 참가자의 흐름을 원활하게 할 수 있는 구조인가	☐ Хурлын танхимын засал нь оролцогчдод ая тухтай байх бүтэц бүхий эсэх
☐ 장애인에 대한 시설이나 운영 측면에서 배려가 되는가	☐ Хөгжлийн бэрхшээлтэй иргэдэд зориулсан тоноглол хийгдсэн эсэх
☐ 회의장 대관료가 저렴한가	☐ Хурлын танхимын түрээсийн үнэ хямд эсэх
☐ 전시장이 있는가. 또는 가까운가	☐ Үзэсгэлэнгийн танхимтай эсэх, эсвэл ойр хавьд нь байгаа эсэх
☐ 사용규정에 대한 엄격한 조건은 없는가	☐ Ашиглалтын нөхцөлтэй холбогдсон хатуу журам байгаа эсэх
☐ 접근성이 좋은가	☐ Зам тээвэр, дэд бүтцэд ойрхон эсэх

9 숙박호텔의 선정 / Зочид буудал сонгох

☐ 회의장에서 가까운 거리에 있는가	☐ Хурал болох газартай ойрхон байгаа эсэх
☐ 주변환경은 어떤가	☐ Орчин тойрон нь ямар эсэх
☐ 객실종류가 다양한가	☐ Өрөөны төрөл нь олон янз эсэх
☐ 음식의 질은 높은가(특이식 제공이 가능한가)	☐ Хоолны чанар сайтай эсэх (тусгай захиалгын хоол гарах эсэх)
☐ 식사위생에 대한 의식은 높은가(특히 식중독 등)	☐ Хоолны эрүүл ахуйн хувьд анхаарал сайн тавьдаг эсэх (ялангуяа, хоолны хордлого г.м.)
☐ 외국어를 할 수 있는 직원은 어느 정도 있는가	☐ Гадаад хэлний мэдлэгтэй ажиллагсад хэр олон эсэх
	☐ Үйлчилгээний автобустай эсэх, автобусны зогсоол сайтай эсэх

☐ 셔틀버스의 유무와 버스가 주차하기 쉬운가	☐ Зочдод чиглэсэн үйлчилгээний чанар ямар эсэх
☐ 고객에 대한 서비스 자세는 어떠한가	☐ Зарлалын самбар, пайз байрлуулж болох эсэх
☐ 연락용 안내판의 설치가 가능한가	☐ Гэнэтийн ослын бэлтгэл хангагдсан эсэх (гал түймэр, осол аваар, шуурхай аврах ажиллагаа зохион байгуулалт)
☐ 사고대책에 대한 준비가 철저한가(화재, 사고, 긴급구조 대책)	

10 수입원의 확인 / Орлогын эх үүсвэр

☐ 등록비는 충분히 설정되었는가	☐ Бүртгэлийн хураамжийг хангалттай тогтоосон эсэх
☐ 주최단체의 자기자금이 충분한가	☐ Зохион байгуулагч байгууллагын өөрийн хөрөнгө хангалттай эсэх
☐ 보조금, 후원금, 기부금을 기대할 수 있는가	☐ Тусламж, хандивын мөнгө хуримтлуулах боломжтой эсэх
☐ 판매수입을 기대할 수 있는가	☐ Худалдааны орлого сайн байх эсэх
☐ 전시회 운영에 따른 수입을 기대할 수 있는가	☐ Үзэсгэлэн яармаг зохион байгуулсны орлого орох эсэх
☐ 광고수입을 기대할 수 있는가	☐ Зар сурталчилгааны үр дүнд орлого нэмэгдэх эсэх
☐ 기타 수입을 기대할 수 있는가	☐ Бусад орлого

11 등록비 및 등록기간 설정 / Бүртгэлийн хураамж, бүртгэл явуулах хугацааг тогтох

03 준비 제 2 단계: 기본 계획의 검토

Бэлтгэл шат 2: Үндсэн төлөвлөгөөг дахин хянах

1 업무 진행표 작성 / Ажлын график гаргах

2 회의의 디자인 / Хурлын дизайн

☐ 로고	☐ Лого
☐ 심볼 마크	☐ Бэлгэ тэмдэг, символ
☐ 심볼 색상	☐ Бэлгэ тэмдэгийн өнгө
☐ 편지지	☐ Шуудангийн цаас
☐ 포스터	☐ Зурагт хуудас

3 프로그램안 작성 / Хөтөлбөр гаргах

☐ 등록	☐ Бүртгэл
☐ 기조연설	☐ Үндсэн илтгэл
☐ 파티	☐ Үдэшлэг
☐ 관광프로그램	☐ Аялал жуулчлалын хөтөлбөр
☐ 개회식	☐ Хурлын нээлтийн ёслол
☐ 폐회식	☐ Хурлын хаалтын ёслол
☐ 커피 브레이크	☐ Цайны завсарлага
☐ 전시회	☐ Үзэсгэлэн
☐ 동반자 프로그램	☐ Дагалдан ирсэн зочдод зориулсан хөтөлбөр
☐ 산업시찰	☐ Экскурс аялал

4 메일링리스트 작성 / E-мэйл хаягийн жагсаалт гаргах

5 포스터 발송 / Зурагт хуудас илгээх

☐ 관계 단체의 본부와 지부 ☐ 항공회사와 여행사의 해외사무소 ☐ 기타 관계기관 및 기업의 해외지점	☐ Холбогдох байгууллагын төв болон салбар ☐ Нисэх компани, аялал жуулчлалын компаний хилийн чанад дахь төлөөлөгчийн газар ☐ Бусад холбогдох байгууллага, аж ахуйн нэгжийн хилийн чанад дахь салбар

6 관광 / Аялал

7 동반자 프로그램 / Дагалдан ирсэн зочдод зориулсан хөтөлбөр

8 전시회 기획 / Үзэсгэлэн яармаг

04 준비 제 3 단계: 스케줄 실행관리

Бэлтгэл шат 3: Хөтөлбөрийн хэрэгжилтийг хянах

1 안내문 작성 / Танилцуулга хийх

2 1차 안내문 발송 / Танилцуулга илгээх

3 마지막 안내문 발송 / Танилцуулгыг дахин илгээх

4 해외 참가자 참가 촉진 / Хилийн чанадаас оролцогч нарыг идэвхитэй оролцуулах тал дээр анхаарах

5 조직위원장의 참가요청서 발송 / Зохион байгуулах комиссын даргын урилга илгээх

6 등록 / Бүртгэх

7 등록확인증, 영수증 발송 / Бүртгэлийг баталгаажуулах, баримт илгээх

8 등록리스트 관리 / Бүртгэлийн жагсаалт гаргах хөтлөх

9 숙박예약 / Зочид буудал захиалах

10 예약 접수 마감일 설정 / Захиалга хүлээн авах, сүүлийн хугацааг тогтох

11 숙박약관과 위약금 청구 규정 설립 / Зочид буудлын захиалгын журам, гэрээний торгуулийн нэхэмжлэлийн журмыг батлах

12 회의장 사용계획서 작성 / Хурлын танхимын ашиглалт

☐	개·폐회식장	☐	Хурлын нээлт, хаалт явагдах танхим
☐	분과회의장	☐	Салбар хуралдааны танхим
☐	위원회 대기실	☐	Зохион байгуулах комиссын өрөө
☐	통역자 대기실	☐	Орчуулагчийн өрөө
☐	사무국	☐	Ажлын албаны өрөө
☐	번역실	☐	Орчуулгын өрөө
☐	등록, 안내데스크 공간	☐	Бүртгэл, угтах үйлчилгээ үзүүлэх газар
☐	음료수 제공 장소	☐	Цай, ундаагаар үйлчлэх газар
☐	리셉션 장	☐	Рецепшин
☐	직원 휴게실	☐	Ажилчдын амралтын өрөө
☐	전체회의장	☐	Нэгдсэн хурлын танхим
☐	전시회장	☐	Үзэсгэлэнгийн танхим
☐	VIP 대기실	☐	VIP өрөө
☐	프레스룸	☐	Сэтгүүлчдийн өрөө
☐	의무실	☐	Эмчийн өрөө
☐	짐 보관 서비스	☐	Ачаа хадгалах өрөө
☐	오찬장	☐	Үдийн зоог барих ресторан
☐	외투 보관소	☐	Өлгүүр

13 플로어플랜(Floor Plan) 작성 / Давхарын зураглал гаргах

05 준비 제 4 단계: 프로그램의 확정

Бэлтгэл шат 4: Хөтөлбөрийг эцсийн байдлаар батлах

1 행사일정의 확인 / Үйл ажиллагааны хөтөлбөрийг шалгах

2 종합사회, 세션별 사회 진행자 결정 / Нэгдсэн хуралдааны

болон салбар хуралдааны хөтлөгчийг сонгох

3 제작물 발주 / Хэвлэмэл хуудас захиалах

회의장 내부	Хурлын танхимын дотор тал
☐ 등록대용 표시	☐ Бүртгэлийн ширээн дээрх тэмдэглэл
☐ 각 회의실의 표시	☐ Хурлын танхим
☐ 알림 게시판	☐ Зарлалын самбар
☐ 회장 평면도	☐ Хурлын танхимын план зураг
☐ 회의명칭 대간판	☐ Хурлын нэр анонс хэвлэл
☐ 네임플레이트	☐ Хуралд оролцогчдын нэр
회의장 외부	Хурлын танхимын гадна тал
☐ 현관의 회의명칭 대간판	☐ Үүдэнд өлгөх анонс хэвлэл
☐ 노상의 유도간판	☐ Гудамжинд тавих зурагт самбар
☐ 공항/역의 환영간판	☐ Нисэх буудал, галт тэрэгний буудал
☐ 현수막	дээр байршуулах сурталчилгааны
	самбар
	☐ Анонс хэвлэл

4 회의용 기자재 준비 / Хурлын тоног төхөөрөмж

☐ 슬라이드 프로젝트	☐ Слайд преоктор
☐ 영사기	☐ Прожектор
☐ VTR	☐ VTR

☐ 칠판	☐ Самбар
☐ 탁상 라이트	☐ Ширээний гэрэл
☐ OHP	☐ OHP
☐ 테이프 레코더	☐ Дуу хураагч
☐ 레이저프린터	☐ Лазер пойнт
☐ 모니터	☐ Монитор

5 회의자료 준비작성 / Хурлын материал бэлдэх

☐ 프로그램	☐ Хөтөлбөр
☐ 발표문 요약	☐ Илтгэлийн хураангуй
☐ 회의 시간표	☐ Хурлын цагийн хуваарь
☐ 리셉션 등 초대장	☐ Хүлээн авалт зэргийн урилга
☐ 전시 안내서	☐ Үзэсгэлэнгийн танилцуулга
☐ 관광안내자료	☐ Аялалын танилцуулах материал
☐ 참가자 명부	☐ Зочид төлөөлөгчдийн нэрсийн жагсаалт
☐ 회장 배치도	☐ Хурлын суудлын хуваарь
☐ 관련행사 설명자료	☐ Холбогдох арга хэмжээний тайлбар танилцуулга
☐ 관계처 주소록	☐ Холбогдох байгууллагын хаяг
☐ 전반적 주의사항	☐ Анхааруулга

6 회의운영 조직구성 / Хурлын үйл ажиллагааг хангах зохион

байгуулалтын ажил

☐ 등록	☐ Бүртгэл
☐ 사무국	☐ Ажлын алба
☐ 슬라이드 접수	☐ Слайд хүлээн авах
☐ 기재담당	☐ Эд материал хариуцагч

☐ 관련 행사 참가 신청서 접수	☐ Холбогдох арга хэмжээнд бүртгэх
☐ 여행안내	☐ Аялалын танилцуулга
☐ 수송	☐ Тээвэр үйлчилгээ
☐ 자료배포	☐ Хурлын материал тараах
☐ 종합안내	☐ Ерөнхий мэдээлэл
☐ 외투 보관소	☐ Өлгүүр
☐ 회의실 담당	☐ Хурлын танхим хариуцагч
☐ 전시회장 경비	☐ Үзэсгэлэнгийн танхимын хамгаалалт
☐ 홍보·보도 대응	☐ Сурталчилгаа, хэвлэлийн эх материал
☐ 배차	☐ Автомашин хуваарилалт
☐ 회의자료 발송	☐ Хурлын материал хүргүүлэх

7 운영매뉴얼 제작 / Үйл ажиллагааны зааварчилгаа гаргах

8 긴급사항 대응 매뉴얼 작성 / Онцгой байдал үүссэн

   тохиолдолд авах арга хэмжээний зааварчилгаа гаргах

9 진행 시나리오 작성 / Хурал хөтлөн явуулах хөтөлбөр гаргах

10 각종 세레모니 준비 / Ёслолын үйл ажиллагаанд бэлдэх

☐ 식순	☐ Үйл ажиллагааны дэс дараалал
☐ VIP 영접체계	☐ VIP хүлээн авах
☐ 리허설	☐ Сургуулилалт
☐ 서비스 요원 확보	☐ Үйлчилгээний ажилчид бэлдэх
☐ 음악 선정	☐ Ая дуу сонгох
☐ 안전요원 확보	☐ Аюулгүй алба
☐ 장식 선정	☐ Чимэглэл сонгох

06 회의 개최 전 준비 항목: 검토 및 확인

Үйл ажиллагаа эхлэхийн өмнөх бэлтгэл: Эцсийн байдлаар нягталж хянах

1 제작물 점검·확인 / Хэвлэмэл материалыг шалгах

2 회의 운영 협의 / Хурлын үйл ажиллагааг хэлэлцэх

3 오리엔테이션 / Танилцуулга зааварчилгаа өгөх

4 임시사무국 설치 / Түр ажлын алба байгуулах

5 전화(내선, 외선) 설치 / Утсан холбоо (дотор, гадна) ажилуулах

5-3. 자주 나타나는 약어 목록
ТОВЧИЛСОН ҮГИЙН ЖАГСААЛТ

А

АА	Ардын Арми
ААГ	Аж Ахуйн Гэрээ
ААДБЧ	Ардын Армийн Дуу Бүжгийн Чуулга
ААДЭЗК	Ази, Алс Дорнодын Эдийн Засгийн Комисс
ААЖШ	Ардын Армийн Жанжин Штаб
ААЗ	Ардын Аман Зохиол
ААНБ	Аж Ахуйн Нэгж Байгууллага
ААНОАТ	Аж Ахуйн Нэгжийн Орлогын Албан Татвар
ААУТГ	Ардын Армийн Улс Төрийн Газар
ААУТЭНБ	Ази Африкийн Улс Түмний Эв Санааны Нэгдлийн Байгууллага
ААХЗХ	Ази Африкийн Хуулийн Зөвлөлдөх Хороо
ААШТ	Азийн Аварга Шалгаруулах Тэмцээн
ААЭЗХАБ	Ази, Африкийн Эдийн Засгийн Хамтын Ажиллагааны Байгууллага
ААЭСНМХ	Ази, Африкийн Эв Санааны Нэгдлийн Монголын Хороо
АБ	Ардын Банк
АБГББХ	Аюулгүй Байдал, Гадаад Бодлогын Байнгын Хороо
АБНЕУ	Арабын Бүгд Найрамдах Египет Улс
АБНЙУ	Арабын Бүгд Найрамдах Йемен Улс
АБНЛУ	Арабын Бүгд Найрамдах Ливи Улс
АБНСУ	Арабын Бүгд Найрамдах Сири Улс
АБС	Албан Бус Сургалт
АБХ	Арилжааны Банкуудын Холбоо
АБХ	Ардын Боловсролын Хэлтэс
АБЭТБХ	Азийн Буддистуудын Энх Тайвны Бага Хурал
АБЯ	Ардын Боловсролын Яам

АВХ	Азийн Волейболын Холбоо
АГТА	Ардын Гэгээрлийн Тэргүүний Ажилтан
АДБНУ	Алс Дорнодын Бүгд Найрамдах Улс
АДБЧ	Ардын Дуу Бүжгийн Чуулга
АДХ	Ардын Дептатуудын Хурал
АДХГЗ	Ардын Дептатуудын Хурлын Гүйцэтгэх Захиргаа
АДЭХ	Агаарын Довтолгооноос Эсэргүүцэн Хамгаалах
АЖ	Ардын Жүжигчин
АЖЦ	Ардын Журамт Цэрэг
АЗГ	Авто Замын Газар
АЗДТГ	Аймгийн Засаг Даргын Тамгын Газар
АЗЕГ	Авто Замын Ерөнхий Газар
АЗЗ	Авто Засварын Завод
АЗН	Авто Замын Нэгтгэл
АЗХ	Ардчилсан Залуучуудын Холбоо
АИХ	Ардын Их Хурал
АИХД	Ардын Их Хурлын Депутат
АИХТГ	Ардын Их Хурлын Тэргүүлэгчдийн Газар
АК	Автомат Калашникова
ам. доллор	Америк Доллор
АМГТХЭГ	Ашигт Малтмал, Газрын Тосны Хэрэг Эрхлэх Газар
АМЗТҮС	Авто Машин, Засвар, Техник Үйлчилгээний Станц
АМХЭГ	Ашигт Малтмалын Хэрэг Эрхлэх Газар
АН	Ардчилсан Нам
АНБНУ	Арабын Нэгдсэн Бүгд Найрамдах Улс
АНДЭЗК	Ази, Номхон Далайн Эдийн Засгийн Нийгмийн Комисс
АНУ	Америкийн Нэгдсэн Улс
АНХ	Аймгийн Намын Хороо
АӨЭСНТ	Арьс Өнгөний Эмгэг Судлалын Нэгдсэн Төв
АПК	Архи Пивоны Комбинат

АПУ	Архи Пиво Ундаа
АР	Архангай Аймаг
АСА	Арилжаа, Сурталчилгааны Алба
АСБХ	Азийн Сагсан Бөмбөгийн Холбоо
АСХ	Ардчилсан Социалист Эмэгтэйчүүдийн Холбоо
АСХЭЕГ	Амралт Сувилалын Хэрэг Эрхлэх Ерөнхий Газар
АСЭХ	Ардчилсан Социалист Хөдөлгөөн
АТ	Алтан Товч
АТБ	Авто Тээврийн Бааз
АТЗГ	Ардын Түр Засгийн Газар
АТН	Ардын Түмний Нам
АТС	Автомат Телефон Станц
АТУГ	Ачаа Тээврийг Удирдах Газар
АТХБГ	Ажилчин Тариачны Хянан Байцаах Газар
АТХШБГ	Авто Техникийн Хэргийг Шалган Байцаах Газар
АУ	Анагаах Ухаан
АУДС	Анагаах Ухааны Дээд Сургууль
АУДуС	Анагаах Ухааны Дунд Сургууль
АУИС	Анагаах Ухааны Их Сургууль
АУК	Анагаах Ухааны Коллеж
АУТГ	Армийн Улс Төрийн Газар
АУХ	Анагаах Ухааны Хүрээлэн
АУЭШТЛ	Анагаах Ухааны Эрдэм Шинжилгээний Төв Лаборатори
АҮ	Аж Үйлдвэр, Ахуй Үйлчилгээ

Б

БГД	Баянгол Дүүрэг
БГХӨ	Байгалийн Голомт Халдварт Өвчин
БДАЗХ	Бүх Дэлхийн Ардчилсан Залуучуудын Холбоо
БЕХ	Банкны Ерөхий Хороо
БЗД	Баянзүрх Дүүрэг

БЗНТ	Барилга Засварын Нэгдсэн Трест
БЗХӨ	Бэлгийн Замын Халдварт Өвчин
БИФ	Барилга Инженерийн Факультет
БМ	Барилгын Материал
БММЗГ	Барилгын Машин Механизмын Засварын Газар
БММЗЗ	Барилгын Машин Механизмын Засварын Завод
БМТХБ	Барилгын Материал Техник Хангамжийн Бааз
БМХЕГ	Барилгын Материал Хангамжийн Ерөнхий Газар
БН	Баянхонгор
БНАААУ	Бүгд Найрамдах Ардчилсан Алжир Ард Улс
БНААУ	Бүгд Найрамдах Ардчилсан Ангол Ард Улс
БНААФГУ	Бүгд Найрамдах Ардчилсан Афганистан Улс
БНАГУ	Бүгд Найрамдах Ардчилсан Герман Ард Улс
БНАЙАУ	Бүгд Найрамдах Ардчилсан Йемен Ард Улс
БНАЛАУ	Бүгд Найрамдах Ардчилсан Лаос Ард Улс
БНАСАУ	Бүгд Найрамдах Ардчилсан Солонгос Ард Улс
БНБАУ	Бүгд Найрамдах Ардчилсан Болгар Ард Улс
БНД	Багануур Дүүрэг
БНИУ	Бүгд Найрамдах Индонез Улс
БНКАУ	Бүгд Найрамдах Кампучи Ард Улс
БНКУ	Бүгд Найрамдах Куба Улс
БНМАУ	Бүгд Найрамдах Монгол Ард Улс
БННАУ	Бүгд Найрамдах Нэгдсэн Араб Улс
БНПАУ	Бүгд Найрамдах Польш Ард Улс
БНСВУ	Бүгд Найрамдах Социалист Вьетнам Улс
БНСРУ	Бүгд Найрамдах Социалист Румын Улс
БНСУ	Бүгд Найрамдах Солонгос Улс
БНСЧУ	Бүгд Найрамдах Социалист Чехословак Улс
БНТуркУ	Бүгд Найрамдах Турк Улс
БНУАУ	Бүгд Найрамдах Унгар Улс

БНУкрУ	Бүгд Найрамдах Украин Улс
БНФУ	Бүгд Найрамдах Франц Улс
БНХАУ	Бүгд Найрамдах Хятад Ард Улс
БНЭУ	Бүгд Найрамдах Энэтхэг Улс
БОК	Байнгын Онцгой Комисс
БОЯ	Байгал Орчны Яам
БӨ	Баян-Өлгий Аймаг
БӨБА	Банкын Өр Барагдуулах Алба
БСО	Барилгачдын Соёлын Ордон
БСШУЯ	Боловсрол, Соёл Шинжлэх Ухааны Яам
БСШУЯ	Боловсрол, Соёл Шинжлэх Ухааны Яам
БТ	Барилгын Техникум
БТА	Боловсролын Тэргүүний Ажилтан
БТГ	Байнгын Төлөөлөгчийн Газар
БТДС	Биеийн Тамирын Дээд Сургууль
БТМ	Байгалийн Түүхийн Музей
БТМС	Барилгын Техник Мэргэжлийн Сургууль
БТСТО	Биеийн Тамир Спортын Төв Ордон
БТСУХ	Биеийн Тамир Спортын Улсын Хороо
БТСҮТ	Биеийн Тамир Спортын Үндэсний Төв
БТЭШХ	Бэлчээр Тэжээлийн Эрдэм Шинжилгээний Хүрээлэн
БУ	Булган Аймаг
БУК	Барилга Угсралтын Контор
БУФ	Байгалийн Ухааны Факультет
БҮК	Байшин Үйлдвэрлэх Комбинат
БҮЭШХ	Барилын Үйлдвэрлэл Шинжилгээний Хүрээлэн
БФ	Биологийн Факультет
БХ	Байнгын Хороо
БХ	Ботаникийн Хүрээлэн
БХАТХ	Бүх Хятадын Ардын Төлөөлөгчдийн Их Хурал

БХБЯ	Барилга Хот Байгуулалтын Яам
БХД	Багахангай Дүүрэг
БХЗГ	Бодлогын Хэрэгжилтийн Зохицуулах Газар
БХЗЭ	Бошгыг Халах Залуучуудын Эвлэл
БХИС	Батлан Хамгаалахын Их Сургууль
БХН	Батлан Хамгаалах Нийгэмлэг
БХН	Бөөний Худалдааны Нэгдэл
БХТН	Батлан Хамгаалахад Туслах Нийгэмлэг
БХҮЭТЗ	Бүх Холбоотын Үйлдвэрчний Эвлэлийн Төв Зөвлөл
БХХ	Боловсон Хүчний Хэлтэс
БХХ	Боловсролын Хөгжлийн Хүрээлэн
БХЯ	Батлан Хамгаалах Яам
БЦ	Барилгын Цэрэг
БЦДБЧ	Бүх Цэргийн Дуу Бүжгийн Чуулга
БЦЕЗ	Барилгын Цэргийн Ерөнхий Газар
БЧУИБС	Бүтээгдэхүүний Чанарын Удирдлагын Иж Бүрэн Систем
БШХ	Байцаан Шийтгэх Хууль
БЯ	Барилгын Яам

В

В	Вольт
ВАЗ	Волжский Автомобильный Завод
ВТ	Ватт
ВТБ	Валютын Төв Бирж

Г

г	Грамм
га	Гектар
ГАМ	Галын Автомашин
ГАХГ	Галын Аюулаас Хамгаалах Газар
ГАХЗТ	Гадаад Ажиллах Хүч Зуучлах Төв
ГБАББХ	Гадаад Бодлого, Аюулгүй Байдлын Байнгын Хороо

ГБХ	Гэр Бүлийн Хүчирхийлэл
ГГЗФ	Геологи, Газарзүйн, Факультет
ГЕГ	Гаалийн Ерөнхий Газар
ГЖҮГ	Гадаадын Жуулчдад Үйлчлэх Газар
ГЗ	Гүйцэтгэх Захиргаа
ГЗЗХ	Геодези Зураг Зүйн Газар
ГЗЦСХ	Газар Зүй, Цэвдэг Судлалын Хүрээлэн
ГК	Гал Команд
ГМ	Гадаадын Мэргэжилтэн
гм	Гэх Мэт
ГМҮГ	Гадаадын Мэргэжилтнийг Үйлчилэх Газар
ГНСН	Германы Нэгдсэн Социалист Нам
ГО	Говь-Алтай
ГОК	Уулын Баяжуулах Үйлдвэр
гр	Грамм, Групп
ГСКТЭ	Гэмтэл Согогийн Клиникийн Төв Эмнэлэг
ГСЭ	Гэмтэл, Согогийн Эмнэлэг
ГТ	Гавьяат Тамирчин
ГТК	Гурил Тэжээлийн Комбинат
ГТЛ	Геологийн Төв Лаборатори
ГТХЭГ	Газрын Тосны Хэрэг Эрхлэх Газар
ГТЯ	Гарах Тийн Ялгал
ГУУУШИ	Геологи, Уул Уурхайн Үйлдвэрлэл Шинжилгээний Нистит
ГУУУЯ	Геологи, Уул Уурхайн Үйлдвэрийн Яам
ГУУФ	Геологи, Уул Уурхайн Факультет
ГҮ	Гутлын Үйлдвэр
ГХ	Геологийн Хүрээлэн
ГХ	Гүйцэтгэх Хороо
ГХАС	Гариг Хороондын Автомат Станц
ГХГЗЗГ	Газрын Хэрэг, Геодези Зураг Зүйн Газар

ГХГХОГ	Гадаад Худалдаа, Гадаадын Хөрөнгө Оруулалтын Газар
ГХДС	Гадаад Харилцааны Дээд Сургууль
ГХДС	Гадаад Хэлний Дээд Сургууль
ГХЕГ	Гамшгаас Хамгаалах Ерөнхий Газар
ГХОГ	Гадаадын Хөрөнгө Оруулалтын Газар
ГХОТХ	Гадаадын Хөрөнгө Оруулалтын Тухай Хууль
ГХСС	Гадаад Хэл, Соёлын Сургууль
ГХСТ	Гадаад Хэлний Сургалтын Төв
ГХУА	Гэгээрлын Хяналтын Улсын Алба
ГХУСАЗЗ	Гэмт Хэргээс Урьдчилан Сэргийлэх Ажлыг Зохицуулах Зөвлөл
ГХФ	Гадаад Хэлний Факультет
ГХХАХ	Гадаад Харилцаа, Хамтын Ажиллагааны Хэлтэс
ГХЭГ	Гаалийн Хэрэг Эрхлэх Газар
ГХЯ	Гадаад Харилцааны Яам
ГХЯ	Гадаад Хэргийн Яам
ГХЯ	Гадаад Худалдааны Яам
гц	Герц
ГЭБЯ	Геологи, Эрдэс Баялгийн Яам
ГЭЗТХУХ	Гадаадтай Эдийн Засгийн Талаар Харилцах Улсын Хороо
ГЯ	Гэгээрлийн Яам
ГЯ	Геологийн Яам
ГЯЯ	Гадаад Явдлын Яам

Д

д/х.	Дэд Хурандаа
ДА	Даатгалын Алба
ДА	Дархан
ДАЖБ	Дэлхийн Аялал Жуулчлалын Байгууллага
ДАЗХ	Дэлхийн Ардчилсан Залуучуудын Байгуулага
ДАНИДА	Даний Олон Улсын Хөгжлийн Агентлаг
ДАУХ	Дэлхийн Анагаах Ухааны Холбоо

ДАШТ	Дэлхийн Аварга Шалгаруулах Тоглолт
ДАЭХ	Дэлхийн Ардчилсан Эмэгтэйчүүдын Холбоо
ДБ	Дэлхийн Банк
ДБГ	Дээд Боловсролын Газар
ДБУАТ	Дуурь Бүжгийн Улсын Академик Театр
ДБУЭХ	Дуурь Бүжгийн Улсын Эрдмийн Хүрээлэн
ДБУААГ	Дипломат Байгууллагын Үйлчилгээ Аж Ахуйн Газар
ДБХС	Дэлхийн Байгаль Хамгаалах Сан
ДБХЯ	Дэд Бүтэц, Хөгжлийн Яам
ДБЯ	Дэд Бүтцийн Яам
ДВУ	Данийн Вант Улс
дг	Дециграмм
ДГБ	Дэлхийн Гаалийн Байгууллага
дд	Дэс Дугаар
ДДДС	Дорно Дахины Дээд Сургууль
ДДСХ	Дорно Дахины Судлалын Хүрээлэн
ДДХ	Дэлхийн Даамын Холбоо
ДДЦС	Дарханы Дулааны Цахилгаан Станц
ДЖБ	Дэлхийн Жуулчны Байгууллага
ДЗОУБ	Дэлхийн Зөн-Олон Улсны Байгууллага
ДИСОУБ	Дэлхийн Их Сургуулиудын Олон Улсын Холбоо
ДИУ	Дундад Иргэн Улс
ДК	Дипломат Корпус
ДМ	Дэлхийн Монголчууд
ДМСН	Дэлхийн Монголчуудын Соёлын Нийгэмлэг
ДМХ	Дэлхийн Монголчуудын Холбоо
ДНБ	Дотоодын Нийт Бүтээгдэхүүн
ДНБУ	Дотоодын Нийт Бүтээгдэхүүний Үйлдвэрлэл
ДНСХ	Дэлхийн Номын Сангийн Холбоо
ДО	Дорноговь

ДОӨБ	Дэлхийн Оюуны Өмчийн Байгууллага
ДОХ	Дархлалын Олдмол Хам Шинж
ДоЯам	Дотоод Яам
ДС	Дээд Сургууль
ДТ	Дизелийн Түлш
ДТГ	Дипломат Төлөөлөгчийн Газар
ДТДТМБХ	Дээд, Тусгай Дунд, Техник Мэргэжлийн Боловсролын Улсын Хороо
ДТП	Дунд Тусгалын Пуужин
ДТҮ	Дарханы Төмөрлөгийн Үйлдвэр
ДТХ	Дэлхийн Тэшүүрийн Холбоо
ДУ	Дундговь
ДУАТ	Драмын Улсын Академик Театр
ДУДС	Дүрслэх Урлагийн Дунд Сургууль
ДУМ	Дүрслэх Урлагийн Музей
ДУЦУБ	Дэлхийн Ус, Цаг Уурын Байгууллага
ДҮЭХ	Дэлхийн Үйлдвэрчний Эвлэлийн Холбоо
ДХБ	Дэлхийн Худалдааны Байгууллага
ДХТ	Дэлхийн Худалдааны Төв
ДХТХ	Дархан Хилийн Төлөө Хөдөлгөөн
ДХХ	Дэлхийн Хөл Бөмбөгийн Холбоо
ДХЯ	Дотоод Хэргийн Яам
ДЦ	Дотоод Цэрэг
ДЦС	Дулааны Цахилгаан Станц
дч	Дэслэгч
ДШ	Дээд Шүүх
ДШСГ	Дулааны Шугам Сүлжээний Газар
ДШХ	Дэлхийн Шатрын Холбоо
ДЭМБ	Дэлхийн Эрүүл Мэндийн Байгууллага
ДЭТЗ	Дэлхийн Энх Тайвны Зөвлөл
ДЯЯ	Дотоод Явдлын Яам

E

ЕАБХАБ	Европын Аюулгүй Байдал, Хамтын Ажиллагааны Байгууллага
ЕБС	Ерөнхий Боловсролын Сургууль
ЕБСБХ	Ерөнхийн Ба Сорилын Биологийн Хүрээлэн
ЕЗ	Ерөнхий Зөвлөл
ЕЗЗ	Ерөнхий Зөвлөлдөх Зөвлөл
ЕКГ	Ерөнхий Консулын Газар
ЕНБДНГ	Ерөнхий Нарийн Бичгийн Дарга Нарын Газар
ЕТГ	Ерөнхийлөгчийн Тамын Газар
ЕХ	Европын Холбоо
ЕЧХН	Европын Чөлөөт Худалдааны Нийгэмлэг
ЕЭЗХН	Европын Эдийн Засгийн Хамтын Нийгэмлэг

Ж

ЖАЙКА	Японы Олон Улсын Хамтын Ажиллагааны Агентлаг Байгууллага
ЖБХ	Жудо Бөхийн Үндэсний Холбоо
ЖДААН	Жижиг Дунд Аж Ахуйн Нэгж
ЖДҮ	Жижиг Дунд Үйлдвэр
ЖТБҮХ	Жендэрийн Тэгш Байдлын Үндэсний Хороо
ЖШ	Жанжин Штаб

З

ЗА	Завхан
ЗБ	Зочид Буудал
ЗБХ	Зохион Байгуулах Хороо
ЗГ	Засгийн Газар
ЗГБ	Засгийн Газрын Байгууллага
ЗГББ	Засгийн Газрын Бус Байгууллага
ЗГМ	Засгийн Газрын Мэдээ
ЗГТА	Засгийн Газрын Тохируулагч Агентлаг

ЗГҮ	Зоос Гоёлын Үйлдвэр
ЗГХА	Засгийн Газрын Хэрэгжүүлэгч Агентлаг
ЗГХК	Засгийн Газрын Хороондын Коммис
ЗГХМА	Засгийн Газрын Хэвлэл Мэдээллийн Алба
ЗГХЭГ	Засгийн Газрын Хэрэг Эрхлэх Газар
ЗД	Засаг Дарга
ЗДТГ	Засаг Дарга Тамгын Газар
ЗЗСХ	Зах Зээл Судлалын Хүрээлэн
ЗЗЯ	Засаг Захиргааны Яам
ЗМ	Зууны Мэдээ
ЗСБНХУ	Зөвлөлт Социалист Бүгд Найрамдах Холбоот Улс
ЗСТ	Залуучуудын Соёлын Төв
ЗТАЖЯ	Зам Тээвэр Аялал Жуучлалын Яам
ЗТО	Залуу Техникчдийн Ордон
ЗТҮТ	Зорчигч, Тээвэр Үйлчилгээний Төв
ЗТФ	Зоо-Техникийн Факультет
ЗТХЯ	Зам, Тээвэр, Холбооны Яам
ЗТЯ	Зам Тээврийн Яам
ЗХ	Зэвсэгт Хүчин
ЗХАН	Зүүн Хойд Азийн Нийгэмлэг
ЗХБУГ	Засан Хүмүүжүүлэх Байгууллагуудын Удирдах Газар
ЗХЕШ	Зэвсэгт Хүчний Ерөнхийн Штаб
ЗХЖШ	Зэвсэгт Хүчний Жанжин Штаб
ЗХНР	Залуучуудын Хэвлэлийн Нэгдсэн Редакци
ЗХУ	Зөвлөлт Холбоот Улс
ЗХУКН	Зөвлөлт Холбоот Улсын Коммунист Нам
ЗЦ	Замын Цагдаа
ЗЦГ	Замын Цагдаагийн Газар
ЗЭХ	Зохиолч Эмэгтэйчүүдийн Холбоо

И

ИАТЕГ	Иргэний Агаарын Тээврийн Ерөнхий Газар
ИАТУЕГ	Иргэний Агаарын Тээврийг Удирдах Ерөнхий Газар
ИБМТ	Иргэний Бүртгэл, Мэдээллийн Үндэсний Төв
ИБУИНВУ	Их Британи, Умард Ирландын Нэгдсэн Вант Улс
ИГБББТ	Иргэний Гэр Бүлийн Байдлыг Бүртгэх Товчоо
ИЗН	Иргэний Зориг Нам
ИНЕГ	Иргэний Нисэхийн Ерөнхий Газар
ИНТЕРПОЛ	Олон Улсын Эрүүгийн Цагдаагийн Байгууллага
ИТХ	Иргэдийн Төлөөлөгчдийн Хурал
ИТХТ	Иргэдийн Төлөөлөгчдийн Хурлын Тэргүүлэгч
ИХ	Их Хурал
ИХГ	Иргэний Хамгаалалтын Газар
ИХК	Илгээмжийн Худалдааны Контор
ИХУХТ	Их Хөлгөний Уламжлалыг Хадгалах Төв
ИХШ	Иргэний Хамгаалалтын Штаб
ИЭЗФ	Инженер -Эдийн Засгийн Факультет

К

КАМАЗ	Камскийн Автомобильный Завод
КАТВ	Кабелийн Телевиз
кв	Киловатт
квм	Квадрат Метр
квт	Киловатт
кг	Килограмм
кгц	Килогерц
кл	Килолитр
км	Километр
КН	Коммунист Нам
КОЙКА	Солонгосын Олон Улсын Хамтын Ажиллагааны Байгууллага

Л

л	Литр

ЛАН	Либерал Ардчилсан Нам
ЛАХН	Лаосын Ардын Хувьсгалт Нам
ЛҮҮХ	Латин Үсгийн Үндэсний Хөтөлбөр
ЛЭОС	Либерал Эмэгтэйчүүдийн Оюуны Сан

М

м	метр
м/с	метр секунд
м2	квадрат метр
м3	шоо метр
МАА	Монгол Ардын Арми
МАА	Мал Аж Ахуй
МАААЭХ	Монголын Ард Аж Ахуй Эрхлэгчдийн Холбоо
МААЗ	Монгол Ардын Аман Зохиол
МААУТГ	Монголын Ардын Армийн Улс Төрийн Газар
МААЭШХ	Мал Аж Ахуйн Эрдэм Шинжилгээний Хүрээлэн
МААЯ	Мал Аж Ахуйн Яам
МАЖХ	Монголын Аялал Жуулчлалын Холбоо
МАЗИН	Монголын Авто Замын Ниженерийн Нийгэмлэг
МАМСХ	Монголын Авто Машин Сонирхогчдын Холбоо
МАН	Монгол Ардын Нам
МАН	Монголын Ардчилсан Нам
МАНН	Монгол-Америкийн Найрамдлын Нийгэмлэг
МАОЭНХ	Монголын Ажил Олгогч Эздийн Нэгдсэн Холбоо
МАСЗХ	Монголын Ардчилсан Социалист Залуучуудын Холбоо
МАСЭХ	Монголын Ардчилсан Социалист Эмэгтэйчүүдийн Холбоо
МАХ	Монголын Ахмадын Холбоо
МАХ	Монголын Ардчилсан Холбоо
МАХН	Монгол Ардын Хувьсгалт Нам
МАШСН	Монголын Ардчилсан Шинэ Социалист Нам
МБ	Монгол Банк

МБК	Мод Боловсруулах Комбинат
МБНЗХ	Монголын Бүгд Найрамдах Залуучуудын Холбоо
МБНХ	Монголын Багш Нарийн Холбоо
МБОХН	Монголын Байгаль Орчныг Хамгаалах Нийгэмлэг
МБТ	Мөрдөн Байцаах Тасаг
МБТСХ	Монголын Биеийн Тамир Спортын Хороо
МБХ	Монголын Банкуудын Холбоо
МБХ	Монголын Барилгачдын Хобоо
МБХ	Монголын Боксын Холбоо
МБХ	Монгол Бөхийн Холбоо
МБХА	Монголын Бизнесийн Хөгжилийн Агентлаг
МБШЗХ	Монголын Буддийн Шашинт Залуучуудын Холбоо
МБЭЭХ	Монголын Бизнес Эрхлэгч Эмэгтэйчүүдын Холбоо
МВХ	Монголын Болейболын Холбоо
мг	Миллиграмм
МГНН	Монгол, Германы Найрамдлын Нийгэмлэг
МГПБ	Монгол, Германы Парламентын Бүлэг
МДБ	Монгол Даатгал Банк
МДИХ	Монголын Дүлий Иргэдийн Холбоо
МДК	Монгол Даатгал Компани
МДСН	Монголын Далай Сонирхогчдын Нийгэмлэг
МДХ	Монголын Даамын Холбоо
МЕТТ	Мэдлэгийн Ерөнхийн Түвшин Тогтоох Тест
МЖДҮҮХ	Монголын Жижиг Дунд Үйлдвэрийн Үндэсний Холбоо
МЗБ	Монголын Залуучуудын Байгууллага
МЗНН	Монгол Зөвлөлтийн Найрамдлын Нийгэмлэг
МЗҮХА	Монгол Залуу Үеийн Хөгжлийн Ассоциаци
МЗХ	Монголын Залуучуудын Холбоо
МЗХ	Монголын Зохиолчдын Холбоо
МЗХ	Монголын Загасчдын Холбоо

МЗЭ	Монголын Зохиолчдын Эвлэл
МИАТ	Монголын Иргэний Агаарын Тээвэр
мин	Минут
мкг	Микрограм
МКНН	Монгол, Кубийн Найрамдалын Нийгэмлэг
МКС	Математик, Компьютерийн Сургууль
МКҮ	Монгол Кино Үйлдвэр
МЛН	Монголын Либерал Нам
ММ	Монголын Мэдээ
мм	Миллиметр
ММИС	Монгол Мэдлэгийн Их Сургууль
ММН	Монголын Мусульманы Нийгэмлэг
ММТНН	Монголын Малчин, Тариачны Нэгдсэн Нам
ММТХ	Монголын Малчин, Тариачны Холбоо
ММХ	Монголын Менежментийн Холбоо
МНБҮН	Мэргэжилийн Нягтлан Бодогчдын Үндэсний Нийгэмлэг
МНИК	Монголын Нефт Импорт Концерн
МНН	Монголын Ногоон Нам
МННХ	Монголын Ноос, Ноолуурын Холбоо
МННХ	Монголын Нээлттэй Нийгэм Хүрээлэн
МНӨ	Монголын Нэг Өдөр Сонин
МНСХ	Монголын Номын Санчдын Холбоо
МНТ	Монголын Нотариатчдын Танхим
МНТ	Монголын Нууц Товчоо
МНУХ	Монголын Нутгийн Удирдлагын Холбоо
МНХ	Монголын Нэгдсэн Хөдөлгөөн
МоАН	Монголын Ардчилсан Нам
МоАХ	Монголын Ардчилсан Холбоо
МОНН	Монгол Оросын Найрамдлын Нийгэмлэг
МОНХ	Монголын Ойчдын Нэгдсэн Холбоо

МонЦэМэ	Монголын Цахилгаан Мэдээ
МОНЭЛ	Монгол Электрон
МОТ	Манай Он Тоолол
МОҮЭ	Монголын Оюутны Үйлдвэрчний Эвлэл
МОХ	Монголын Орчуулагчдын Холбоо
МОХ	Монголын Оюутны Холбоо
МОЭ	Моголын Орчуулагчдын Эвлэл
МӨК	Монголын Өмгөөлөгчдийн Коллеги
мөн	Мөнгө
МӨХ	Монголын Өмгөөлөгчдийн Холбоо
МПБ	Монголын Пионерийн Байгууллага
МПБ	Монголын Парламентын Бүлгэм
МР	Монголын Радио
МРА	Монголын Рекламны Ассоциаци
МРТУХ	Мэдээлэл, Радио, Телевизийн Улсын Хороо
МРТХЭГ	Мэдээлэл, Радио, Телевизийн Хэрэг Эрхлэх Газар
МС	Монгол Судлал
МСБХ	Монголын Сагсан Бөмбөгчдийн Холбоо
МСДН	Монголын Социал Демократ Нам
МСМН	Монголын Сэргэн Мандалтын Нам
МСНЭ	Монголын Сэтгүүлчдийн Нэгдсэн Эвлэл
МСоХ	Монголын Сонины Холбоо
МСС	Монгол Судлалын Сургууль
МСҮТ	Мэргэжилийн Сургалт Үйлдвэрлэлийн Төв
МСХ	Монголын Сэтгүүлчдийн Холбоо
МТ	Монгол Телевиз
МТ	Манай Тоолол
МТА	Монголын Татварын Алба
МТЗ	Монголын Төмөр Зам
МТИН	Монголын Техноимпорт Нэгдэл

МТНН	Монголы Тайландын Нийгэмлэг
МТӨ	Манай Тооллын Өмнөх
МТТН	Монголын Тусгаар Тогтнолын Нам
МТХ	Монголын Тэшүүрийн Холбоо
МТХЕГ	Материал Техникийн Хангамжийн Ерөнхий Газар
МУ	Монгол Улс
МУАХ	Монголын Урлагын Ажилтны Холбоо
МУГ	Музей Удирдах Газар
МУЗ	Монголын Уран Зохиол
МУЗН	Монголын Улаан Загалмай Нийгэмлэг
МУИС	Монгол Улсын Их Сургууль
МУИХ	Монгол Улсын Их Хурал
МУНН	Монголын Уламжлалын Нэгдсэн Нам
МУНС	Монгол Улсын Номын Сан
МУТ	Монгол Ухаан Төв
МУТХХХ	Монгол Улс Төрийн Хэрэгт Хэлмэгдэгсдийн Холбоо
МУУУА	Монголын Уул Уурхайн Үндэсний Ассоциаци
МУЭ	Монголын Урчуудын Эвлэл
МҮАН	Монголын Үндэсний Ардчилсан Нам
МҮБХ	Монголын Үндэсийн Бөхийн Холбоо
МҮДН	Монголын Үндэсний Дэвшлийн Нам
МҮНС	Монголын Үндэсний Номын Сан
МҮОХ	Монголын Үндэсний Олимпын Хороо
МҮСХ	Монголын Үндэсний Сурын Холбоо
МҮТ	Монголын Үндэсний Телевиз
МҮҮХ	Монголын Үйлдвэрлэгчдийн Үндэсний Холбоо
МҮХАҮТ	Монголын Үндэсний Худалдаа Аж Үйлдвэрийн Танхим
МҮЭ	Монголын Үйлдвэрчний Эвлэл
МҮЭНН	Монголын Үндэсний Эв Нэгдлийн Нам
МҮЭСТО	Монголын Үйлдвэрчний Эвлэлийн Соёлын Төв Ордон

МҮЭХ	Монголын Үйлдвэрчний Эвлэлүүдийн Холбоо
мх	Морины Хүч
МХ	Математикийн Хүрээлэн
МХААХҮХ	Монголын Хөдөө Аж Ахуйн Хоршоологчдын Үндэсний Холбоо
МХААЭХ	Монголын Хувиараа Аж Ахуй Эрхлэгчдийн Үндэсний Холбоо
МХАҮТ	Монголын Худалдаа Аж Үйлдвэрийн Танхим
МХБ	Монголын Хүүхдийн Байгууллага
МХБ	Монголын Хөрөнгийн Бирж
МХБИБҮХ	Монголын Хөгжлийн Бэрхшээлтэй Иргэдийн Байгууллагуудын Үндэсний Холбоо
МХДС	Монголын Хөгжлийг Дэмжих Сан
МХЗХ	Монголын Хөгжмийн Зохиолчдын Холбоо
МХЗХНХ	Монголын Хадгаламж, Зээлийн Хоршоодын Нэгдсэн Холбоо
МХЗЭ	Монголын Хувьсгалт Залуучуудын Эвлэл
МХИНС	Монголын Христэд Итгэгчдийн Нэгдсэн Сүм
МХН	Монголын Хөрөнгөтний Нам
МХО	Монголын Хүүхдийн Ордон
МХСС	Монгол Хэл, Соёлын Сургууль
МХСХ	Монголын Хятад Судлаачдын Холбоо
МХТ	Монголын Худалдааны Танхим
МХҮЭХ	Монголын Хувийн Үйлдвэрийн Эздийн Холбоо
МХХ	Монголын Хүнсчдийн Холбоо
МХХ	Монголын Хуульчийн Холбоо
МХХТГ	Мэдээлэл, Харилцаа Холбоо, Технологийн Газар
МХЭАХН	Монголын Хэрэглэгчдийн Эрх Ашгийг Хамгаалах Нийгэмлэг
МХЭАХН	Моголын Хэрэглэгчдийн Эрх Ашигийг Хамгаалах Нийгэмлэг
МХЭАХНҮХ	Монголын Хэрэглэгчдийн Эрх Ашгийг Хамгаалах Нийгэмлэгүүдийн Үндэсний Холбоо
МЧБСХ	Монголын Чөлөөт Бөх Сонирхогчдийн Холбоо
МЧБХ	Монголыг Чөлөөт Бөхийн Холбоо
МЧХН	Монголын Чөлөөт Хөдөлбөрийн Нам

МШАН	Монголын Шашинтны Ардчилсан Нам
МШСН	Монголын Шинийг Санаачлагчдын Нийгэмлэг
МШУАХ	Монголын Шинжлэх Ухааны Ажилтны Холбоо
МШХ	Монголын Шатрын Холбоо
МЭ	Манай Эриний
МЭАЦС	Мал Эмнэлэг, Ариун Цэврийн Станц
МЭДН	Монголын Эрдэм Дэлгэрүүлэх Нийгэмлэг
МЭН	Монгол Экспорт Нэгдэл
МЭӨ	Манай Эриний Өмнөх
МЭТНБХ	Монголын Энх Тайван Найрамдлын Байгууллагын Холбоо
МЭТННХ	Монголын Энх Тайван Найрамдлын Нийгэмлэгүүдийн Холбоо
МЭУХ	Монголын Эрдэмтдийн Үндэсний Хороо
МЭХХТХ	Монголын Эд Хэрэглэгчдийн Хоршооллын Төв Холбоо
МЭХХТХ	Монголын Эд Хэрэглэгчдийн Хоршоодын Төв Холбоо
МЯНН	Монгол, Японы Найрамдлын Нийгэмлэг

Н

н.	Нөхөр
н.б.д	Нарийн Бичгийн Дарга
НАА	Нийтийн Аж Ахуй
НААҮ	Нийтийн Аж Ахуйн Үйлчилгээ
НААҮААХ	Нийтийн Аж Ахуйн Үйлчилгээний Ажилтан Ажилчдын Холбоо
НААҮЯ	Нийтийн Аж Ахуйн Үйлчилгээний Яам
НАТО	Умард Атлатын Гэрээний Байгууллага
НАХБ	Нийгмийг Аюулаас Хамгаалах Байгууллага
НАХЯ	Нийгмийг Аюулаас Хамгаалах Яам
НАШБ	Намын Анхан Шатны Байгууллага
НББ	Намын Бус Байгууллага
НББХ	Нийгмийн Бодлогын Байнгын Хороо
НБДНГ	Нарийн Бичгийн Дарга Нарын Газар

НБОК	Нийслэлийн Байнгын Онцгой Комисс
НБХ	Нийгмийн Бодлогын Хэлтэс
НБХ	Намын Бага Хурал
НВУ	Нидерландын Вант Улс
НД	Нийгмийн Даатгал
НДЕГ	Нийгмийн Даатгалын Ерөнхий Газар
НДС	Намын Дээд Сургууль
НДҮ	Нэгдэл Дундын Үйлдвэр
НЗ	Нутгийн Зөвлөл
НИК	Нефт Импорт Концерн
НИТХ	Нийслэлийн Иргэдийн Төлөөлөгчдийн Хурал
НН	Ногоон Нам
ННТЗГ	Нийслэлийн Нийтийн Тээврийг Зохицуулах Газар
ННХ	Нээлттэй Нийгэм Хүрээлэн
НОТБ	Нисэх Онгоцны Төв Буудал
НӨАТ	Нэмэгдсэн Өртгийн Албан Татвар
НӨТ	Нэмэгдсэн Өртгийн Татвар
НӨХК	Нийслэлийн Өмч Хувьчлалын Комисс
НСИСОУХ	Нүүдлийн Соёл Иргэншил Судлах Олон Улсын Хүрээлэн
НТ	Нууц Товчоо
НТИ	Намын Түүхийн Институт
НТХ	Намын Төв Хороо
НТХ	Намын Төв Хороо
НУҮ	Ноос Угаах Үйлдвэр
НУФ	Нийгийн Ухааны Факультет
НҮБ	Нэгдсэн Үндэстний Байгууллага
НҮБХС	Нэгдсэн Үндэстний Байгууллагын Хүүхдийн Сан
НҮБХХ	Нэгдсэн Үндэстний Байгууллагын Хөгжилийн Хөтөлбөр
НҮМБ	Нисдэг Үл Мэдэгдэх Биет
НҮН	Ноосны Үйлдвэрийн Нэгдэл

НХТЗ	Нэгдлийн Холбооны Зөвлөл
НХУҮТ	Нислэгийн Хөдөлгөөн Удирдах Үндэсний Төв
НХХЯ	Нийгмийн Хамгаалал, Хөдөлмөрийн Яам
НХШХ	Намын Хянан Шалгах Хороо
НХШХ	Намын Хянан Шалгах Хороо
НЦГ	Нийслэлийн Цагдаагийн Газар
НШШБА	Нийслэлийн Шүүхийн Шийдвэр Биелүүлэх Алба
НЭМГ	Нийгмийн Эрүүл Мэндийн Газар
НЭМХ	Нийгмийн Эрүүл Мэндийн Хүрээлэн
ня-бо	Нягтлан Бодогч

О

ОААА	Ой, Агнуурын Аж Ахуй
ОАН	Ой, Ан Нэгтгэл
ОАТ	Онцгой Албан Татвар
ОАТТ	Онцгой Албан Татварын Тэмдэг
ОАХШБГ	Ой, Агнуурын Хэргийг Шалган Байцаах Газар
ОББЭК	Онц Бөгөөд Бүрэн Эрхт Комисс
ОБЕГ	Онцгой Байдлын Ерөнхий Газар
ОБЭК	Онц Бүрэн Эрхт Комисс
ОЛАН	Оросын Либерал Ардчилсан Нам
ОМАҮЯ	Ой, Модны Аж Үйлдвэрийн Яам
ОМҮЯ	Ой Модны Аж Үйлдвэрийн Яам
ОНБ	Олон Нийтийн Байгууллага
ОНМХ	Олон Нийтийн Мэдээллийн Хэрэгсэл
ОНРТ	Олон Нийтийн Радио, Телевиз
ОНРТҮЗ	Олон Нийтийн Радио, Телевизийн Үндэсний Зөвлөл
ОНХШК	Олон Нийтийн Хянан Шалгах Комисс
ОНШ	Олон Нийтийн Шүүх
ООГСТ	Одон Орон, Геофизикийн Судалгааны Төв
ОӨГ	Оюуны Өмчийн Газар

ОПЕК	Нефт Экспортлогч Улсуудын Байгууллага
ОР	Орхон
орч.	Орчуулагч
ОС	Орон Сууц
ОСАК	Орон Сууц, Ашиглалтын Контор
ОСГ	Орон Сууц Гудамжны
ОСГХ	Орон Сууц Гудамжны Хороо
ОСК	Орон Сууцны Контор
ОСНААГ	Орон Сууц Нийтийн Аж Ахуйн Газар
ОУ	Олон Улсын
ОУАМХ	Олон Улсын Авто Машины Холбоо
ОУАЭХ	Олон Улсын Ардчилсан Эмэгтэйчүүдийн Холбоо
ОУБ	Олон Улсын Байгууллага
ОУВС	Олон Улсын Валютын Сан
ОУДХ	Олон Улсын Даамын Холбоо
ОУМ	Олон Улсын Мастер
ОУМСС	Олон Улсын Монгол Судлалын Сургууль
ОУМСХ	Олон Улсын Монгол Судлалын Холбоо
ОУМЭИХ	Олон Улсын Монголч Эрдэмтдийн Их Хурал
ОУНОБ	Олон Улсын Нислэгийн Онцгой Бүс
ОУНСХ	Олон Улсын Номын Сангийн Холбоо
ОУОХ	Олон Улсын Олимпийн Хороо
ОУӨХДНХ	Олон Улсын Өвлийн Хотуудын Дарга Нарын Холбоо
ОУПХ	Олон Улсын Парламентын Хороо
ОУСБ	Олон Улсын Сэтгүүлчдийн Байгууллага
ОУСХ	Олон Улсын Сэтгүүлчдийн Холбоо
ОУТ	Олон Улсын Тэмцээн
ОУТЗХ	Олон Улсын Төмөр Замын Холбоо
ОУУЗН	Олон Улсын Улаан Загалмайн Нийгэмлэг
ОУХБ	Олон Улсын Хөдөлмөрийн Байгууллага

ОУХДС	Олон Улсын Харилцааны Дээд Сургууль
ОУЧБСХ	Олон Улсын Чөлөөт Бөх Сонирхогчдын Холбоо
ОУШХ	Олон Улсын Шатрын Холбоо
ОУЭАХ	Олон Улсын Эмэгтэйчүүдийн Ардчилсан Холбоо
ОУЭЦГ	Олон Улсын Эрүүгийн Цагдаагийн Газар
ОУН	Оёдлын Үйлдвэрийн Нэгдэл
ОХУ	Оросын Холбооны Улс

Ө

ӨАБНУ	Өмнөд Африкийн Бүгд Найрамдах Улс
ӨББ	Өндөржүүлсэн Бэлэн Байдал
ӨВ	Өвөрхангай
ӨКГ	Өргөмжит Консулын Газар
ӨМ	Өмнөговь Аймаг
ӨМАХХ	Өвөр Монголын Ардын Хэвлэлийн Хороо
ӨМИС	Өвөр Монголын Их Сургууль
ӨМӨЗО	Өвөр Монголын Өөртөө Засах Орон
ӨХБ	Өргөн Хэрэглээний Бараа
ӨХК	Өмч Хувьчлалын Комисс
ӨХМС	Өвс Хадах Морин Станц

П

ПАНН	Польшийн Ажилчны Нэгдсэн Нам
ПГ	Прокурорын Газар
ПДС	Политехникийн Дээд Сургууль
ПДХС	Пуужингийн Довтолгооноос Хамгаалах Систем
ПИАК	
ПН	Парламентын Нам
проф.	Профессор
ПЧБ	Палестиний Чөлөөлөх Байгууллага

Р

РТ	Радио, Телевиз
РТДС	Радио, Телевизийн Дээд Сургууль
руб.	Рубль

С

САА	Сангийн Аж Ахуй
СААЗИ	Сургалтын Агуулга, Аргазүйн Институт
СААЯ	Сангийн Аж Ахуйн Яам
СБ	Сүхбаатар Аймаг
СББ	Спирт Бал Бурам
СБД	Сүхбаатар Дүүрэг
СБК	Сүү Бэлтгэлийн Контор
СБСНР	Сурах Бичиг Сэтгүүлийн Нэгдсэн Редакц
СБХ	Судар Бичгийн Хүрээлэн
СГЗ	Соёлын Гавьяат Зүтгэлтэн
СДН	Социал Демократ Нам
СЕХ	Сонгуулийн Ерөнхий Хороо
СЗХ	Санхүүгийн Зохицуулах Хороо
см	сантиметр
СМНН	Солонгос, Монголын Найрамдлын Нийгэмлэг
СМӨЭБ	Сэтгэл Мэдрэлийн Өвчнийг Эмчлэх Больниц
СМУД	Сэтгэл Мэдрэлийн Улсын Диспансер
СнЗ	Сайд Нарын Зөвлөл
Соцдэк	Социал Демократ
Социнтерн	Социалист Интернационал
СӨХ	Сууц Өмчлөгчдийн Холбоо
СС	Соёлын Сан
ССТ	Стратеги, Судалгааны Төв
СТА	Соёлын Тэргүүний Ажилтан
СТГ	Статистикийн Төв Газар
СТО	Соёлын Төв Ордон

СТӨ	Соёлын Төв Өргөө
СТС	Сургалтын Төрийн Сан
СТХ	Сонгуулийн Тойргийн Хороо
СУАТ	Сонгодог Урлагийн Академик Театр
СУИС	Соёл, Урлагийн Их Сургууль
СУХХ	Соёл, Урлагийн Хөгжлийн Хороо
СУХШГ	Санхүүгийн Улсын Хяналт Шалгалтын Газар
СУ	Сүхбаатар Аймаг
СХД	Сонгинохайрхан Дүүрэг
СХЗ	Сүм Хийдийн Зөвлөл
СХУ	Сурган Хүмүүжүүлэх Ухаан
СХУХ	Сурган Хүмүүжүүлэх Ухааны Хүрээлэн
СХҮ	Сонины Хэвлэх Үйлдвэр
СХҮТ	Стандарт, Хэмжилзүйн Үндэсний Төв
СХША	Санхүүгийн Хяналт Шалгалтын Алба
СЦС	Сургууль, Цэцэрлэг, Ясли
СЭ	Сэлэнгэ Аймаг
СЭЗЯ	Санхүү Эдийн Засгийн Яам
СЭХК	Сэргээгдэх Эрчим Хүчний Корпораци
СЭЭДС	Санхүү Эдийн Засгийн Дээд Сургууль
СЯ	Сангийн Яам
СЯ	Соёлын Яам

Т

ТАБ	Төв Ази Банк
ТАБ	Төрийн Аудитын Байгууллага
ТАБНУ	Төв Африкийн Бүгд Найрамдах Улс
ТАБЭЗХА	Төв Ази Бүсийн Эдийн Засгийн Хамтын Ажиллагаа
ТАЗ	Төрийн Албаны Зөвлөл
ТАСИС	Technical Assistance To Independent States
ТАСС	Телеграфное Агентство Советского Союза

ТАУБ	Төв Америкийн Улсуудын Байгууллага
ТАУХ	Төв Африкийн Улсуудын Холбоо
ТБ	Төв Банк
ТББ	Төрийн Бус Байгууллага
ТББХ	Төрийн Байгуулалтын Байнгын Хороо
ТБЗ	Төрийн Бодлогын Зөвлөл
ТБӨ	Төрийн Бус Өмч
ТВ	Телевиз
ТЕГ	Татварын Ерөнхий Газар
ТЕГ	Тагнуулын Ерөнхий Газар
ТЗ	Төв Зөвлөл
ТЗУГ	Төрийн Захиргааны Удирдлагын Газар
тн	Тонн
ТНБД	Төрийн Нарийн Бичгийн Дарга
ТӨ	Төв Аймаг
төг	Төгрөг
ТӨЗО	Төвөдийн Өөртөө Засах Орон
ТӨХ	Төрийн Өмчийн Хороо
ТСДЗСЗГ	Түүх Соёлын Дурсгалт Зүйлсийг Сэргээн Засварлах Газар
ТТ	Таван Толгой
ТТГ	Тагнуулын Төв Газар
ТТХГ	Төрийн Тусгай Хамгаалалтын Газар
ТУ	Төрийн Удирдлага
ТУЗ	Төлөөлөн Удирдах Зөвлөл
ТҮЦ	Түргэн Үйлчилгээний Цэг
ТХ	Төв Хороо
ТХА	Төрийн Хамгаалалтын Алба
ТХБ	Тогтвортой Хөгжлийн Боловсрол
ТХШХ	Төрийн Хянан Шалгах Хороо
ТХЯ	Тээвэр Хөгжлийн Яам

ТЦС	Төв Цахилгаан Станц
ТЧК	Талх Чихрийн Комбинат
ТШ	Төв Шуудан
ТШБК	Төв Шалган Байцаах Комисс
ТШҮ	Том Ширний Үйлдвэр
ТЭЗУХ	Төлөвлөгөө, Эдийн Засгийн Улсын Хороо
ТЭХС	Төвийн Эрчим Хүчний Систем
ТЭХҮГЯ	Түлш, Эрчим Хүчний Үйлдвэр, Геологийн Яам
ТЭХҮЭШЗТИ	Түлш, Эрчим Хүчний Үйлдвэрийн Эрдэм Шинжилгээ, Зураг Төслийн Институт
ТЭХЯ	Түлш Эрчим Хүчний Яам
ТЭШЗТИ	Тээврийн Эрдэм Шинжилгээ, Зураг Төслийн Институт
ТЯ	Тийн Ялгал

У

УА	Удирдлагын Академи
УААА	Улс Ардын Аж Ахуй
УААДС	Улс Ардын Аж Ахуйн Дээд Сургууль
УААУГ	Усны Аж Ахуйг Удирдах Газар
УААЯ	Усны Аж Ахуйн Яам
УАБГ	Улсын Аюулгүй Байдлын Газар
УАБХЕГ	Улсын Аюулгүй Байдлыг Хангах Ерөнхий Газар
УАГ	Улсын Арбитрын Газар
УАДБЧ	Улсын Ардын Дуу Бужгийн Чуулга
УАС	Удирдлагын Автомат Систем
УАСН	Унгарын Ажилчны Социалист Нам
УАТХШБГ	Улсын Авто Техникийн Хэргийг Шалган Байцаах Газар
УАХХ	Улсын Аюулаас Хамгаалах Хороо
УАХЭГ	Улсын Архивын Хэрэг Эрхлэх Газар
УАШТ	Улсын Аварга Шалгаруулах Тэмцээн
УАЭ	Урлагын Ажилтны Эвлэл
УБ	Улаанбаатар

УББХХ	Улсыг Батлан Хамгаалах Хороо
УБДС	Улсын Багшийн Дээд Сургууль
УБЕХ	Улсын Банкны Ерөнхий Хороо
УБЗ	Улсын Барилгын Зөвлөл
УБЗТИ	Улсын Барилгын Зургийн Төв Институт
УБИС	Улсын Багшийн Их Сургууль
УБОК	Улсын Байнгын Онцгой Комисс
УБТЗ	Улаанбаатар Төмөр Зам
УБТЗХЭГ	Улаанбаатар Төмөр Замын Хэрэг Эрхлэх Газар
УБХ	Улсын Бага Хурал
УБХТН	Улсыг Батлан Хамгаалахад Туслах Нийгэмлэгъ
УБХЯ	Улсынг Батлан Хамгаалах Яам
УВ	Увс Аймаг
УГЕГ	Улсын Гаалийн Ерөнхий Газар
УГЖ	Улсын Гавьяат Жүжигчин
УГЗ	Урлагийн Гавьяат Зүтгэлтэн
УГЗГ	Улсын Гэрэл Зургийн Газар
УГЗЗГ	Улсын Геодези Зураг Зүйн Газар
УГТЛ	Улсын Геологийн Тав Лаборатори
УГТЭШХ	Ургамал, Газар Тариалангийн Эрдэм Шинжилгээний Хүрээлэн
УДБАТ	Улсын Дуурь Бүжгийн Академик Театр
УДГ	Улсын Даадгалын Газар
УДТ	Улсын Драмын Театр
УДТДТМБХ	Улсын Дээд Тусгай Дунд Техник Мэргэжлийн Боловсролын Хороо
УДШ	Улсын Дээд Шүүх
УЕП	Улсын Ерөнхий Поркурор
УЕПГ	Улсын Ерөнхий Поркурорын Газар
УЗ	Удирдах Зөвлөл
УЗН	Улаан Загалмай Нийгэмлэг
УЗУ	Утга Зохиол, Урлаг

УЗХ	Улаан Загалмай Хороо
УИД	Улсын Их Дэлгүүр
УИС	Улаанбаатарын Их Сургууль
УИХ	Улсын Их Хурал
УИХГ	Улсын Иргэний Хамгаалтын Газар
УКТЭ	Улсын Клиникийн Төв Эмнэлэг
УМБГ	Улсын Мөрдөн Байцаах Газар
УМХГ	Улсын Мэргэжлийн Хяналтын Газар
УНГ	Улсын Нөөцийн Газар
УНДЕГ	Улсын Нийгмийн Даатгалын Ерөнхий Газар
УННС	Улсын Нийтийн Номын Сан
УНТК	Улсын Нэр Томьёоны Комисс
УНХЕГ	Улсын Нийгэм Халамжийн Ерөнхий Газар
УОБК	Улсын Онцгой Байдлын Комисс
УПГ	Улсын Прокурорын Газар
УПЕГ	Улсын Прокурорын Ерөнхий Газар
УСАГ	Ус, Суваг Ашиглалтын Газар
УСГ	Улсын Статистикийн Газар
УСК	Уран Сайхны Кино
УСТ	Улсын Стандарт
УТБА	Улс Төрийн Боловсролын Акедеми
УТГ	Улс Төрийн Газар
УТЕГ	Улсын Татварын Ерөнхий Газар
УТЗ	Улс Төрийн Зөвлөл
УТК	Улсын Төлөвлөгөөний Комисс
УТМ	Улсын Төв Музей
УТНС	Улсын Төв Номын Сан
УТТ	Улс Төрийн Товчоо
УТТА	Улсын Түүхийн Төв Архив
УТХХЦАУК	Улс Төрийн Хэрэгт Хэлмэгдэгсдийг Цагаатгах Ажлын Улсын Комисс

УТЭЗУ	Улс Төрийн Эдийн Засгийн Ухаан
УУК	Улсын Ургацын Комисс
УҮГ	Улсын Үйлдвэрийн Газар
УҮЧГ	Улсын Үзэсгэлэн Чимэглэлийн Газар
УХБГ	Улсын Хянан Байцаах Газар
УХГ	Улсын Хэвлэлийн Газар
УХИ	Удирдлагын Хөгжлийн Институт
УХК	Улсын Хэвлэлийн Комбинат
УХХ	Улсын Хэвлэлийн Хороо
УХШК	Улсын Хянан Шалгах Комисс
УХЭГ	Улсын Хэрэг Эрхлэх Газар
УЦОШГ	Ус Цаг Уурын Орчмын Шинжилгээний Газар
УЦС	Усан Цахилгаан Станц
УЦСЕГ	Улсын Цагдан Сэргийлэх Ерөнхий Газар
УЦУ	Ус Цаг Уур
УЦУХ	Ус Цаг Уурын Хүрээлэн
УЦУЭШХ	Ус Цаг Уурын Эрдэм Шинжилгээний Хүрээлэн
УШБ	Улсын Шигшээ Баг
УШШЁ	Уламжлал, Шинэчлэл, Шударга Ёс
УЭДС	Урлах Эрдмийн Дээд Сургууль
УЭХ	Урчуудын Эвлэлийн Хороо
УЭХҮГ	Улсын Эм Хамгамж Үйлдвэрлэлийн Газар

Ү

ҮАА	Үрийн Аж Ахуй
ҮААГ	Үйлчилгээ, Аж Ахуйн Газар
ҮАБ	Үндэсний Аюулгүй Байдал
ҮАБЗ	Үндэсний Аюулгүй Байдлын Зөвлөл
ҮАН	Үндэсний Ардчилсан Нам
ҮБТДС	Үндэсний Биеийн Тамирын Дээд Сургууль
ҮБХ	Үндэсний Бөхийн Холбоо

ҮДЗ	Үндэсний Дээд Зөвлөл
ҮЗХ	Үндэсний Зөвлөлдөх Хороо
ҮНБ	Үндэсний Нийт Бүтээгдэхүүн
ҮНС	Үндэсний Номын Сан
ҮОХ	Үндэсний Олимпийн Хороо
ҮОХЗ	Үй Олноор Хөнөөх Зэвсэг
ҮСАХ	Үндэсний Соёл Амралтын Хүрээлэн
ҮСБХ	Үндэсний Сагсан Бөмбөгийн Холбоо
ҮСГ	Үндэсний Статистикийн Газар
ҮТЕГ	Үндэсний Татварын Ерөнхий Газар
ҮТХ	Үндэсний Түүхчдийн Холбоо
ҮТЯ	Үйлдэх Тийн Ялгал
ҮХГ	Үндэсний Хөгжилийн Газар
ҮХНБ	Үйлдвэриний Хөрөнгө Нийлүүлсэн Банк
ҮХТЗ	Үйлдвэр Хоршооололын Төв Зөвлөл
ҮХЦ	Үндсэн Хуулийн Цэц
ҮХЯ	Үйлдвэр Худалдааны Яам
ҮЦТТТХТ	Үнэт Цаасны Төлбөр Тооцоо Төвлөрсөн Хадгаламжийн Төв
ҮЧФ	Үндэсний Чөлөөн Фронт
ҮЭ	Үйлдвэрчний Эвлэл
ҮЭХ	Үйлдвэрчний Эвлэлийн Хороо

Ф

ФМФ	Физик, Математикийн Факультет
ФСЭХ	Философи, Социологи, Эрхийн Хүрээлэн
ФТХ	Физик, Техникийн Хүрээлэн
ФЭС	Физик, Электроникийн Сургууль

Х

ХАА	Хөдөө Аж Ахуй
ХААБЗИ	Хөдөө Аж Ахуйн Барилгын Зургийн Институт
ХААГ	Хөдөө Аж Ахуйн Газар

ХААДС	Хөдөө Аж Ахуйн Дээд Сургууль
ХААИС	Хөдөө Аж Ахуйн Их Сургууль
ХААНХ	Хөдөө Аж Ахуйн Нэгдлийн Холбоо
ХААЯ	Хөдөө Аж Ахуйн Яам
ХАБХЯ	Хүн Амын Бодлого, Хөдөлмөрийн Яам
ХАОАТ	Хүн Амын Орлогын Албан Татвар
ХАУГ	Хорих Ангиудыг Удирдах Газар
ХАҮТ	Худалдаа, Аж Үйлдвэрийн Танхим
ХАЧА	Хятадын Ардын Чөлөөлөх Арми
ХБА	Худалдаа Бэлтгэлийн Анги
ХБГХА	Хот Байгуулалт, Газрийн Харилцааны Алба
ХБД	Хүнсний Барааны Дэлгүүр
ХБДС	Хөгжим Бүжгийн Дунд Сургууль
ХБДЦ	Хязгаарын Ба Дотоодын Цэрэг
ХБДЦДБЧ	Хилийн Ба Дотоодын Цэргийн Дуу Бужгийн Чуулга
ХБДЦУЕГ	Хилийн Ба Дотоодын Цэргийг Удирдах Ерөнхий Газар
ХБЗ	Хөнгөн Бетон Завод
ХБИЭАХТХ	Хөгжилийн Бэрхшээлтэй Иргэдийн Эрх Ашгийг Хамгаалах Түр Хороо
ХБК	Хөгжим Бүжгийн Коллеж
ХБНГУ	Холбооны Бүгд Найрамдах Герман Улс
ХБНЮУ	Холбооны Бүгд Найрамдах Югаслов Улс
ХБС	Хөгжим Бүжгийн Сургууль
ХБУГ	Хорих Байгууллагуудыг Удирдах Газар
ХБФ	Хэл Бичгийн Факультет
ХБХБ	Хөдөлмөр Батлан Хамгаалахад Бэлэн
ХБЯ	Худалдаа Бэлтгэлийн Яам
ХДТ	Хөгжимт Драмын Театр
ХДХВ	Хүний Дархлал Хомсдолын Вирус
ХДЦГ	Хилийн Ба Дотоодын Цэргийн Газар
ХЕГ	Холбооны Ерөнхий Газар

ХЖТ	Хөгжимт Жүжгийн Театр
ХЗ	Хилийн Застав
ХЗБХ	Хууль Зүйн Байгын Хороо
ХЗДХЯ	Хууль Зүй, Дотоод Хэргийн Яам
ХЗТ	Хүүхэд Залуучуудын Театр
ХЗҮТ	Хууль Зүйн Үндэсний Төв
ХЗХ	Хэл Зохиолын Хүрээлэн
ХЗХ	Хөгжмийн Зохиолчдын Холбоо
ХЗХГ	Хүүхэд, Залуучуудын Хөгжлийн Газар
ХЗЭ	Хувьсгалт Залуучуудын Эвлэл
ХЗЯ	Хууль Зүйн Яам
ХИДС	Хэл Иргэншлийн Дээд Сургууль
ХИС	Хүмүүнлигийн Их Сургууль
ХК	Хувьцаат Компани
ХКН	Хятадын Коммунист Нам
ХМ	Ханын Материал
ХМА	Хэвлэл, Мэдээлэлийн Алба
ХМНН	Хятад Монголын Найрамдлын Нийгэмлэг
ХМТ	Холбооны Мөрдөх Товчоо
ХМТК	Хөдөлмөрийн Маргаан Таслах Комисс
ХМХ	Хэвлэл Мэдээллийн Хүрээлэн
ХН	Хөдөлмөрийн Нам
ХН	Хөрөнгөтний Нам
ХНК	Хувь Нийлүүлсэн Компани
ХНН	Хувь Нийлүүлсэн Нийгэмлэг
ХНХУХ	Хөдөлмөр Нийгэм Хангамжийн Улсын Хороо
ХНХҮШИ	Худалдаа, Нийтийн Хоолын Үйлдвэрлэл Шинжилгээний Институт
ХО	Ховд Аймаг
ХОТШБ	Хөрөнгө Оруулалт, Технологи, Шинэчлэлийн Банк
ХӨ	Хөвсгөл Аймаг

ХӨСҮТ	Халдварт Өвчин Судлалын Үндэсний Төв
ХСТ	Хавдар Судлалын Төв
ХСТҮ	Хүүхдийн Сүүн Тэжээлийн Үйлдвэр
ХТАЗХ	Хувьсгалт Тэмцлийн Ахмад Зүтгэлтний Хороо
ХТГ	Хот Тохижуулах Газар
ХТГ	Худалдааны Төлөөлөгчийн Газар
ХТУГ	Хотын Тээврийн Удирдах Газар
ХТҮТ	Хүүхдийн Төлөө Үндэсний Төв
Ху	Хувьсгалт
ХУБТ	Хүүхдийн Урлан Бүтээх Төв
ХУД	Хан-Уул Дүүрэг
хур.	Хурандаа
ХУТ	Хошин Урлагийн Театр
ХҮ	Хэвлэх Үйлдвэр
ХҮБ	Худалдаа Үйлдвэрийн Банк
ХҮДС	Худалдаа, Үйлдвэрлэлийн Дээд Сургууль
хүнд	Хүндэтгэлийн
ХҮТМС	Худалдаа, Үйлдвэрийн Техник Мэргэжилийн Сургууль
ХҮХ	Хоршооллогчдын Үндэсний Холбоо
ХҮЯ	Худалдаа Үйлдвэрийн Яам
ХФ	Химийн Факультет
ХХ	Хэвлэлийн Хүрээлэн
ХХ	Хөгжилийн Хөтөлбөр
хх	Хэвлэлийн Хуудас
ХХАА	Хүнс, Хөдөө Аж Ахуй
ХХААБ	Хүнс, Хөдөө Аж Ахуйн Байгууллага
ХХААЯ	Хүнс, Хөдөө Аж Ахуйн Яам
ХХБ	Худалдаа Хөгжлийн Банк
ХХГ	Хил Хамгаалах Газар
ХХДХК	Хувийн Хэвшлийг Дэмжин Хөгжүүлэх Комисс

ХХЗХ	Харилцаа Холбооны Зохицуулах Хороо
ХХИ	Хүний Хөгжлийн Индекс
ХХК	Хязгаарлагдмал Хариуцлагатай Компани
ХХМХ	Хүүхдийг Хамгаалах Монголын Хороо
ХХНР	Хүүхдийн Хэвлэлийн Нэгдсэн Редакци
ХХҮ	Хүүхдийн Хувцасны Үйлдвэр
ХХҮХ	Хөдөлмөр, Халамжийн Үйлчилгээний Хэлтэс
ХХҮЯ	Хөнгөн, Хүнсний Үйлдварийн Яам
ХЦ	Хилийн Цэрэг
ХЦДБЧ	Хилийн Цэргийн Дуу, Бүжгийн Чуулга
ХЦДС	Хууль Цаазын Дээд Сургууль
ХЦТЭ	Хилийн Цэргийн Төв Эмнэлэг
ХЦХУХ	Хөдөлмөр, Цалин Хөлсийн Улсын Хороо
хч.	Хошууч
ХШБ	Хянан Шалгах Байгууллага
ХШК	Хянан Шалгах Комисс
ХШХ	Хянан Шалгах Хороо
ХЭ	Хэнтий Аймаг
ХЭАА	Хувиараа Эрхлэх Аж Ахуй
ХЭГ	Хэрэг Эрхлэх Газар
ХЭЗ	Хөдөлмөрийн Эдийн Засаг
ХЭК	Хүний Эрхийн Комисс
ХЭТ	Хүчирхийллийн Эсрэг Төв
ХЭҮК	Хүний Эрхийн Үндэсний Комисс
ХЭҮТ	Хүчирхийллийн Эсрэг Үндэсний Төв
ХЭХ	Хуульч Эмэгтэйчуудийн Холбоо
ХЭХДХ	Хөдөөгийн Эмэгтэйчүүдийн Хөгжлийг Дэмжих Холбоо
ХЯ	Холбооны Яам
ХЯ	Хөдөлмөрийн Яам

Ц

ц	Центнер
ЦА	Цэргийн Анги
ЦАУЗБУК	Цагаатгах Ажлын Удирдан Зохион Байгуулах Улсын Комисс
ЦБС	Цэцэрлэгийн Багшийн Сургууль
ЦГ	Цагдаагийн Газар
ЦДС	Цагдаагийн Дээд Сургууль
ЦЕГ	Цагдаагийн Ерөнхий Газар
ЦЕС	Цэргийн Ерөнхий Сургууль
ЦИС	Цэргийн Их Сургууль
ЦОҮ	Цэргийн Оёдлын Үйлдвэр
ЦС	Цагдан Сэргийлэх
ЦТГ	Цэргийн Тагнуулын Газар
ЦФ	Цөмийн Физик
ЦШСГ	Цахилгаан Шугам Сүлжээний Газар
ЦШУ	Цэргийн Шинжлэх Ухаан
ЦШХГ	Цахилгаан Шуудан Холбооны Газар
ЦЭК	Цөмийн Энергийн Комисс
ЦЭШИ	Цэргийн Эрдэм Шинжилгээний Институт

Ч

ЧБҮ	Чихэр Боовны Үйлдвэр
ЧД	Чингэлтэй Дүүрэг
ЧЗХ	Чөлөөт Зохиолчдын Холбоо
ЧУУНС	Чанарын Удирдлагын Улсын Нэгдсэн Систем
ЧХ	Чөлөөт Хэвлэл

Ш

ш	ширхэг
ш.х.	Шуудангийн Хайрцаг
ШАА	Шувууны Аж Ахуй
ШАН	Шашинтны Ардчилсан Нам
ШБК	Шалган Байцаах Комисс

ШБОС	Шинэ Бүтээл Оновчтой Санал
ШБӨХЗГ	Шударга Бус Өрсөлдөөнийг Хянан Зохицуулах Газар
ШДС	Шашны Дээд Сургууль
ШДХ	Шинэ Дэвшилт Холбоо
ШЕЗ	Шүүхийн Ерөнхий Зөвлөл
шир.	Ширхэг
ШИС	Шашны Их Сургууль
ШНБ	Шалган Нэвтрүүлэх Боомт
ШТС	Шатахуун Түгээх Станц
ШУ	Шижлэх Ухаан
ШУА	Шижлэх Ухааны Академи
ШУАДХ	Шижлэх Ухааны Ажилтнуудын Дэлхийн Холбоо
ШУБЯ	Шинжлэх Ухаан, Боловсролын Яам
ШУДБХ	Шинжлэх Ухаан Дээд Боловсролын Хүрээлэн
ШУК	Шинжлэх Ухааны Коммунизм
ШУМТ	Шинжлэх Ухаан Мэдээлэлийн Төв
ШУӨЗО	Шинжаань, Уйгарын Өөртөө Засах Орон
ШУТИС	Шижлэх Ухаан, Технологийн Их Сургууль
ШУТМТ	Шинжлэх Ухаан, Техникийн Мэдээллийн Төв
ШУТУХ	Шинжлэх Ухаан, Техникийн Улсын Хороо
ШУТҮЗ	Шинжлэх Ухаан Технологийн Үндэсний Зөвлөл
ШУХ	Шинжлэх Ухааны Хүрээлэн
ШХАБ	Шанхайн Хамтын Ажиллагааны Байгууллага
ШХЭГ	Шашны Хэрэг Эрхлэх Газар
ШЦХГ	Шуудан, Цахилгаан Холбооны Газар
ШШБЕГ	Шүүхийн Шийдвэр Биелүүлэх Ерөнхий Газар
ШШГТ	Шүүхийн Шийдвэр Гүйцэтгэх Тасаг
ШЯ	Шүүх Яам

Э

э.ш.	Эрдэм Шинжилгээний

ЭАМДИ	Эмнэлгийн Ажилтны Мэргэжил Дээшлүүлэх Институт
ЭАХНСҮТ	Эрүүл Ахуй, Халдвар Нян Судлалын Үндэсний Төв
ЭБШХ	Эрүүгийн Байцаан Шийтгэх Хууль
ЭДН	Эрдэм Дэлгэрүүлэх Нийгэмлэг
ЭДЦС	Эрдэнэтийн Дулаан Цахилгаан Станц
ЭЗБХ	Эдийн Засгийн Байнгын Хороо
ЭЗК	Эдийн Засгийн Коллеж
ЭЗС	Эдийн Засгийн Сургууль
ЭЗСЭШХ	Эдийн Засгийн Сургалт Эрдэм Шинжилгээний Хүрээлэн
ЭЗХ	Эдийн Засгийн Хүрээлэн
ЭЗХТЗ	Эдийн Засгийн Харилцан Туслалцах Зөвлөл
ЭМБ	Эрүүл Мэндийн Байгууллага
ЭМБША	Эрүүгийн Байцаан Шийтгэх Ажиллагаа
ЭМГ	Эрүүл Мэндийн Газар
ЭМД	Эрүүл Мэндийн Даатгал
ЭМЗӨТ	Эрүүл Мэндийн Зөвлөлгөө Өгөх Төв
ЭМН	Эрүүл Мэндийн Нэгдэл
ЭМНН	Энэтхэг, Монголын Найрамдлын Нийгэмлэг
ЭМНХЯ	Эрүүл Мэнд, Нийгмийн Хамгааллын Яам
ЭМТ	Эрүүл Мэндийн Төв
ЭМУХА	Эрүүл Мэндийн Улсын Хяналтын Алба
ЭМЯ	Эрүүл Мэндийн Яам
ЭНИХ	Эрүүл Нийгэм Иргэний Хөдөлгөөн
ЭНТ	Эх, Нялхасын Төв
ЭНЭШТ	Эх, Нялхасын Эрдэм Шинжилгээний Төв
ЭСЯ	Элчин Сайдын Яам
ЭТ	Эрдэнэт
ЭТНБГХ	Энхтайван, Найрамдлын Байгууллагын Гүйцэтгэх Хороо
ЭТНО	Энхтайван Найрамдлын Ордон
ЭУС	Эмэгтэй Удирдагч Сан

ЭХ	Эрүүлийг Хамгаалах
ЭХГ	Эрүүлийг Хамгаалах Газар
ЭХГ	Эрчим Хүчний Газар
ЭХГУУЯ	Эрчим Хүч, Геологи, Уул Уурхайн Яам
ЭХС	Эрчим Хүчний Салбар
ЭХФ	Эрчим Хүчний Факультет
ЭХЯ	Эрүүлийг Хамгаалах Яам
ЭЦГ	Эрүүгийн Цагдаагийн Газар
эша.	Эрдэм Шинжилгээний Ажилтан
эшб.	Эрдэм Шинжилгээний Бичиг
ЭШБХ	Эрдэм Шинжилгээний Бага Хурал
ЭШХ	Эрдэм Шинжилгээний Хүрээлэн

Ю

ЮКН	Югославын Коммунист Нам
ЮНЕСКО	НҮБ-ын Боловсрол, Шинжлэх Ухаан, Соёлын Байгууллага
ЮХУ	Югославын Холбооны Улс

Я

ЯБС	Ядуурлыг Бууруулах Сан
ЯБҮХ	Ядуурлыг Бууруулах Үндэсний Хөтөлбөр
ЯКН	Японы Коммунист Нам
ЯХБНХ	Япон Хэлний Багш Нарын Холбоо
ЯЦБМ	Явган Цэргийн Байлдааны Машин